DROPSHIPPING SHOPIFY FÜR ANFÄNGER

Der umfassende Leitfaden zum Aufbau und Betrieb eines boomenden Dropshipping-Geschäfts

T.M.T. HARRISON

Alle Rechte vorbehalten. Kein Teil dieser Veröffentlichung darf ohne schriftliche Genehmigung des Herausgebers in irgendeiner Form oder mit irgendwelchen Mitteln, sei es elektronisch, mechanisch, durch Fotokopieren, Aufzeichnen, Scannen oder auf andere Weise, produziert, gespeichert oder übertragen werden. Es ist illegal, sein Buch ohne Erlaubnis zu kopieren, auf einer Website zu veröffentlichen oder auf andere Weise zu verbreiten.

Copyright © 2024 T.M.T Harrison

INHALTSVERZEICHNIS

EINFÜHRUNG 7

KAPITEL EINS 17
   Die Grundlagen des Dropshipping..17
   So funktioniert Dropshipping 18
   Herausforderungen des Dropshipping 19
   Wählen Sie Ihre Nische 21

KAPITEL ZWEI..33
   Einrichten Ihres Shopify-Shops..33
   Erstellen Sie Ihr Shopify-Konto..34
   Gestaltung Ihres Shops 37
   Branding Ihres Shops: Logos, Farben und Schriftarten. 40
   Erstellen einer benutzerfreundlichen Navigation 42

KAPITEL DREI 53
   Beschaffung von Produkten für Ihr Geschäft 53
   Zuverlässige Lieferanten finden 53
   Kriterien für die Lieferantenauswahl 54
   Top-Dropshipping-Anbieter und Marktplätze 56
   Wie man Lieferanten überprüft und mit ihnen kommuniziert
  57
   Produkte zu Ihrem Shop hinzufügen.....................................59
   Importieren von Produkten von Lieferanten........................61

KAPITEL VIER 69
   Verwalten Ihres Shops 69

Auftragsabwicklung und Bestandsverwaltung 69

Automatisierung der Auftragsabwicklung 71

Nachverfolgung von Lagerbeständen 72

Bearbeitung von Retouren und Rückerstattungen 74

Grundlagen des Kundenservice 76

KAPITEL FÜNF 87

Vermarktung Ihres Dropshipping-Shops 87

Einführung in das digitale Marketing 87

Suchmaschinenoptimierung (SEO) 90

Effektive Werbestrategien 96

KAPITEL SECHS 113

Analyse und Verbesserung der Filialleistung 113

Wichtige Kennzahlen zum Verfolgen 115

Verwendung von Google Analytics und Shopify Analytics .. 119

Datengesteuerte Entscheidungen treffen 122

Skalieren Sie Ihr Dropshipping-Geschäft 124

Outsourcing und Automatisierung von Aufgaben 127

KAPITEL SIEBEN 133

Rechtliche und finanzielle Anforderungen 133

Gründung einer Geschäftseinheit 134

Steuerpflichten für Dropshipping 136

Schutz Ihres Unternehmens: Allgemeine Geschäftsbedingungen, Datenschutzrichtlinien 139

Verwalten Sie Ihre Finanzen 145

Einrichten von Zahlungsgateways 147

KAPITEL ACHT...155

Wichtige Herausforderungen und wie man sie meistert.....155

KAPITEL NEUN...173

Zukünftige Trends und Strategien 173

Erkundung neuer Möglichkeiten und Plattformen..............177

KAPITEL ZEHN...183

Wie Sie in Ihrem Dropshipping-Geschäft erfolgreich sind .183

Die Rolle eines Texters verstehen 183

Die Rolle eines Designers verstehen 186

Mehrwert für Ihr Unternehmen 189

KAPITEL 11...197

Die besten Länder für Direktversand...................................197

Was Sie über internationales Dropshipping wissen müssen
....201

Tipps für erfolgreiches internationales Dropshipping........207

ABSCHLUSS..215

GLOSSAR DER BEGRIFFE..225

WIE WAR ES? 231

EINFÜHRUNG

Die Gründung eines eigenen Online-Geschäfts kann sich anfühlen, als würde man in einen riesigen Ozean eintauchen. Die Möglichkeiten sind endlos, aber die Herausforderungen können genauso groß sein. Vielleicht träumen Sie von finanzieller Unabhängigkeit, einem flexiblen Zeitplan oder einfach dem Nervenkitzel, etwas von Grund auf aufzubauen. Was auch immer Ihre Motivation ist, Sie haben einen entscheidenden Schritt getan, indem Sie Dropshipping mit Shopify in Betracht gezogen haben. Diese Einführung soll Ihr Kompass sein und Sie durch die frühen Phasen Ihrer E-Commerce-Reise führen.

Was ist Dropshipping?

Dropshipping ist eine Einzelhandelsabwicklungsmethode, bei der Sie als Verkäufer keine Produkte auf Lager halten. Wenn ein Kunde ein Produkt in Ihrem Geschäft bestellt, kaufen Sie den Artikel stattdessen von einem Drittanbieter, der ihn dann direkt an den Kunden versendet. Sie fungieren als Mittelsmann und kümmern sich um Marketing und Vertrieb, während sich der Lieferant um den Lagerbestand und den Versand kümmert.

Hauptmerkmale von Dropshipping:

1. Keine Bestandsverwaltung: Einer der größten Vorteile von Dropshipping besteht darin, dass Sie sich keine Gedanken über die Bevorratung oder die Verwaltung des Lagerbestands machen müssen. Dadurch wird das Risiko einer Überbevorratung oder eines Mangels an Lagerbeständen eliminiert und der Bedarf an Lagerraum verringert.

2. Niedrigere Vorabkosten: Traditionelle Einzelhandelsunternehmen erfordern erhebliche Vorabinvestitionen in den Lagerbestand. Mit Dropshipping können Sie Ihr Geschäft mit minimalem finanziellen Aufwand starten, da Sie Produkte erst kaufen, nachdem ein Kunde eine Bestellung aufgegeben hat.

3. Flexibilität und Skalierbarkeit: Dropshipping bietet die Flexibilität, Ihr Unternehmen von überall auf der Welt aus zu betreiben. Sie können Ihren Shop von überall aus mit einer Internetverbindung verwalten. Außerdem können Sie Ihr Unternehmen ganz einfach skalieren, indem Sie neue Produkte hinzufügen, ohne dass eine zusätzliche Bestandsverwaltung erforderlich ist.

4. Große Produktauswahl: Da Sie keinen Lagerbestand vorab kaufen müssen, können Sie Ihren Kunden eine große Produktvielfalt anbieten. Auf diese Weise können Sie verschiedene Produkte und Nischen testen, um herauszufinden, was sich am besten verkauft, ohne dass ein erhebliches finanzielles Risiko besteht.

5. Zeiteffizienz: Da Sie die Bestandsverwaltung und Auftragsabwicklung an Lieferanten auslagern, sparen Sie viel Zeit. Dadurch können Sie sich auf Marketing, Kundenservice und andere Aktivitäten konzentrieren, die das Geschäftswachstum vorantreiben.

Dropshipping ist wie jede andere Geschäftsstrategie nicht ohne Hindernisse. Dazu gehören geringere Gewinnspannen im Vergleich zum traditionellen Einzelhandel, die Abhängigkeit von Lieferanten hinsichtlich Produktqualität und Lieferzeiten sowie die Notwendigkeit effektiver Marketingstrategien, um sich in einem wettbewerbsintensiven Markt abzuheben. Aber keine Sorge, dieser Leitfaden wird sich mit diesen Herausforderungen befassen und Ihnen Strategien zur Bewältigung dieser Herausforderungen an die Hand geben.

Warum Shopify wählen?

Beim Aufbau eines Dropshipping-Geschäfts ist die Wahl der richtigen E-Commerce-Plattform von entscheidender Bedeutung. Shopify ist eine der beliebtesten und benutzerfreundlichsten Plattformen auf dem Markt und daher eine ausgezeichnete Wahl sowohl für Anfänger als auch für erfahrene Unternehmer. Aus folgenden Gründen ist Shopify die ideale Plattform für Ihr Dropshipping-Projekt:

Benutzerfreundliches Bedienfeld:

Die intuitive Benutzeroberfläche von Shopify erleichtert Ihnen die Einrichtung und Verwaltung Ihres Online-Shops, auch wenn Sie noch keine Erfahrung mit Webdesign oder E-Commerce haben. Die Plattform ist benutzerfreundlich gestaltet, sodass Sie sich auf das Wachstum Ihres Unternehmens konzentrieren können, anstatt sich in technischen Details zu verlieren.

Umfangreicher App Store:

Shopify bietet eine große Auswahl an Apps und Integrationen, die die Funktionalität Ihres Shops verbessern können. Egal, ob Sie Tools für Marketing, Bestandsverwaltung, Kundenservice oder Analysen benötigen, im App Store von Shopify sind Sie an der richtigen Adresse. Viele dieser Apps sind speziell für die Unterstützung von Dropshipping konzipiert und erleichtern die Suche und Verwaltung von Lieferanten, die Automatisierung der Bestellabwicklung und die Optimierung der Leistung Ihres Shops.

Integrierte Zahlungsabwicklung:

Shopify bietet ein nahtloses Zahlungsabwicklungssystem, mit dem Sie Zahlungen von Kunden über verschiedene Methoden akzeptieren können, darunter Kreditkarten, PayPal und andere beliebte Gateways. Diese integrierte Funktionalität sorgt dafür, dass Ihre Kunden ein reibungsloses und sicheres Checkout-Erlebnis haben.

Zuverlässiges Hosting und Sicherheit:

Mit Shopify müssen Sie sich keine Gedanken über Hosting- oder Sicherheitsprobleme machen. Die Plattform übernimmt alle technischen Aspekte des Betriebs eines Online-Shops, einschließlich Serverwartung, Sicherheitsupdates und Backups. Das bedeutet, dass Ihr Geschäft schnell, zuverlässig und sicher ist und Ihren Kunden ein positives Einkaufserlebnis bietet.

Anpassbare Themen:

Shopify bietet eine große Auswahl an professionell gestalteten Themes, die Sie an die Ästhetik Ihrer Marke anpassen können. Egal, ob Sie einen minimalistischen Look oder ein lebendiges, farbenfrohes Design bevorzugen, Sie werden ein Thema finden, das zu Ihrem Stil passt. Dank des Drag-and-Drop-Editors von Shopify und der umfangreichen Dokumentation können Sie das Erscheinungsbild Ihres Shops ganz einfach anpassen.

Exzellenter Kundensupport:

Das Kundensupport-Team von Shopify steht Ihnen rund um die Uhr zur Verfügung, um Ihnen bei allen Problemen oder Fragen zu helfen. Egal, ob Sie Hilfe bei der Einrichtung Ihres Shops, bei der Behebung technischer Probleme oder bei der Optimierung Ihrer Website für eine bessere Leistung benötigen, das Support-Team von Shopify steht Ihnen bei jedem Schritt zur Seite.

Community und Ressourcen:

Shopify verfügt über eine große und aktive Community aus Benutzern, Entwicklern und Experten, die ihr Wissen und ihre Erfahrungen teilen. Sie finden Foren, Blogs, Webinare und Tutorials, die wertvolle Einblicke und Tipps für die Führung eines erfolgreichen Dropshipping-Geschäfts bieten. Diese Fülle an Ressourcen stellt sicher, dass Sie auf Ihrem unternehmerischen Weg nie allein sind.

WIE DIESER LEITFADEN IHNEN ZUM ERFOLG HELFEN WIRD.

Der Beginn einer Dropshipping-Reise kann sowohl aufregend als auch entmutigend sein. Es gibt viel zu lernen, von der Einrichtung Ihres Geschäfts und der Beschaffung von Produkten bis hin zum Marketing und der Verwaltung von Kundenbeziehungen. Dieser Leitfaden soll Ihr umfassender Begleiter sein und Ihnen Schritt-für-Schritt-Anleitungen, praktische Tipps und Expertenratschläge bieten, die Ihnen beim Aufbau und Wachstum eines erfolgreichen Dropshipping-Geschäfts mit Shopify helfen.

Was du lernen wirst:

1. Dropshipping verstehen: Wir beginnen mit den Grundlagen des Dropshipping, einschließlich seiner Funktionsweise, seinen Vorteilen und Herausforderungen und wie Sie die richtige Nische für Ihr Unternehmen auswählen. Am Ende dieses Abschnitts verfügen Sie über eine solide Basis, auf der Sie wachsen können.

2. *Einrichten Ihres Shopify-Shops:* Wir begleiten Sie durch den Einrichtungsprozess Ihres Shopify-Shops, von der Erstellung eines Kontos bis zur Gestaltung Ihrer Storefront. Sie erfahren, wie Sie ein Thema auswählen und anpassen, Produkte hinzufügen und wichtige Funktionen wie Zahlungsgateways und Versandoptionen einrichten.

3. Beschaffung von Produkten und Lieferanten: Die Suche nach zuverlässigen Lieferanten ist entscheidend für den Erfolg Ihres Dropshipping-Geschäfts. Wir werden verschiedene Beschaffungsmethoden untersuchen, einschließlich der Nutzung von Dropshipping-Plattformen, der Kontaktaufnahme mit Herstellern und der Teilnahme an Messen. Sie lernen, wie Sie Lieferanten bewerten, Konditionen aushandeln und starke Beziehungen aufbauen.

4. Verwalten Ihres Shops: Der Betrieb eines Dropshipping-Geschäfts umfasst mehr als nur die Einrichtung eines Geschäfts und die Beschaffung von Produkten. Wir behandeln wichtige Aspekte der Filialverwaltung, einschließlich Bestandsverwaltung, Auftragsabwicklung und Kundenservice. Sie erfahren, wie Sie Prozesse automatisieren, um Zeit zu sparen und einen reibungslosen Betrieb sicherzustellen.

5. Marketing und Traffic steigern: Für die Generierung von Umsätzen ist es von entscheidender Bedeutung, Kunden in Ihr Geschäft zu locken. Wir werden uns mit verschiedenen Marketingstrategien befassen, darunter Suchmaschinenoptimierung (SEO), Social-Media-Marketing, E-Mail-Marketing und bezahlte Werbung. Sie erfahren, wie Sie überzeugende Inhalte erstellen, mit Ihrem Publikum interagieren und gezielten Traffic in Ihr Geschäft lenken.

6. Optimierung für den Erfolg: Kontinuierliche Verbesserung ist der Schlüssel zum langfristigen Erfolg. Wir zeigen Ihnen, wie Sie die Leistung Ihres Shops mithilfe von Analysetools analysieren, Verbesserungsmöglichkeiten identifizieren und Änderungen implementieren, um Konversionen und Verkäufe zu steigern. Sie erfahren, wie Sie Ihr Unternehmen skalieren, Ihre Produktpalette erweitern und die Rentabilität steigern.

7. Rechtliche und finanzielle Überlegungen: Das Verständnis der rechtlichen und finanziellen Aspekte des Betriebs eines Dropshipping-Geschäfts ist für Compliance und Nachhaltigkeit von entscheidender Bedeutung. Wir behandeln Themen wie die Gründung einer Geschäftseinheit, Steuerpflichten und Finanzmanagement. Sie erfahren, wie Sie Ihr Unternehmen schützen und die finanzielle Stabilität gewährleisten können.

UNSER VORGEHEN

Dieser Leitfaden ist praktisch, umsetzbar und leicht zu befolgen. Wir haben komplexe Konzepte in einfache Schritt-für-Schritt-Anleitungen heruntergebrochen und Beispiele aus der Praxis bereitgestellt, um die wichtigsten Punkte zu veranschaulichen. Unser Ziel ist es, den Lernprozess angenehm und ansprechend zu gestalten, damit Sie sich zuversichtlich und gestärkt fühlen, wenn Sie Ihre Dropshipping-Reise beginnen.

Wir sind uns auch darüber im Klaren, dass der Werdegang jedes Unternehmers einzigartig ist. Aus diesem Grund haben wir Tipps und Ratschläge für verschiedene Szenarien zusammengestellt, unabhängig davon, ob Sie mit einem kleinen Budget beginnen, auf eine bestimmte Nische abzielen oder ein schnelles Wachstum anstreben. Dieser Leitfaden ist flexibel und anpassungsfähig, sodass Sie die Strategien an Ihre spezifischen Bedürfnisse und Ziele anpassen können.

RESSOURCEN UND WERKZEUGE

Zusätzlich zu den umfassenden Inhalten in diesem Leitfaden haben wir eine Liste wertvoller Ressourcen und Tools zur Unterstützung Ihres Dropshipping-Geschäfts beigefügt. Sie finden empfohlene Apps, Software und Dienste, die Ihre Abläufe rationalisieren, Ihre Marketingbemühungen verbessern und Ihre Gesamteffizienz verbessern können.

Wir haben außerdem ein Glossar mit gängigen E-Commerce- und Dropshipping-Begriffen bereitgestellt, um Ihnen die Orientierung im Fachjargon und in der Fachsprache zu erleichtern, auf die Sie unterwegs stoßen könnten. Dieses Glossar wird Ihnen als praktische Referenz dienen, wenn Sie tiefer in die Welt des Dropshipping eintauchen.

ERMUTIGUNG UND UNTERSTÜTZUNG

Die Gründung eines Dropshipping-Unternehmens ist ein bedeutendes Unterfangen, aber Sie müssen es nicht alleine schaffen. Dieser Leitfaden soll Sie bei jedem Schritt unterstützen und Ihnen Ermutigung, praktische Ratschläge und ein Gemeinschaftsgefühl bieten. Denken Sie daran, dass jeder erfolgreiche Dropshipping-Unternehmer dort begonnen hat, wo Sie jetzt stehen: den ersten Schritt zum Aufbau eines Unternehmens und einer besseren Zukunft.

Seien Sie beim Durcharbeiten dieses Leitfadens aufgeschlossen und bereit, zu lernen und sich anzupassen. E-Commerce ist ein dynamisches Feld, und es wird Ihnen von Nutzen sein, flexibel und belastbar zu bleiben.

Feiern Sie Ihre Erfolge, lernen Sie aus Ihren Fehlern und machen Sie weiter. Mit Engagement, Ausdauer und der richtigen Anleitung haben Sie das Potenzial, in der Welt des Dropshipping Großes zu erreichen.

ABSCHLUSS

Wir freuen uns, dass Sie uns auf dieser Reise in die aufregende Welt des Dropshipping mit Shopify begleiten. Dieser Leitfaden ist Ihr Fahrplan zum Aufbau eines erfolgreichen und nachhaltigen Unternehmens und vermittelt Ihnen das Wissen, die Werkzeuge und das Selbstvertrauen, die Sie für den Erfolg benötigen. Also lasst uns anfangen!

Blättern Sie um, legen Sie los und begeben Sie sich auf eine Dropshipping-Reise. Ihre Träume vom Unternehmertum sind realisierbar und wir sind hier, um Sie dabei zu unterstützen, sie in die Realität umzusetzen.

KAPITEL EINS
Die Grundlagen des Dropshipping

Dropshipping ist eine Einzelhandelsabwicklungsmethode, die es Ihnen ermöglicht, einen Online-Shop zu betreiben, ohne jemals Lagerbestände zu halten. Anstatt Produkte in großen Mengen einzukaufen und zu lagern, arbeiten Sie mit Lieferanten zusammen, die den Lagerbestand und den Versand für Sie übernehmen. So funktioniert das:

1. *Einrichten Ihres Online-Shops:* Sie erstellen einen Online-Shop über eine Plattform wie Shopify. Hier können Kunden Produkte durchsuchen und kaufen.

2. *Produkte auflisten:* Sie listen in Ihrem Shop Produkte auf, die Sie von Drittanbietern beziehen. Diese Produkte können von Elektronik und Kleidung bis hin zu Nischenartikeln wie handgefertigtem Kunsthandwerk oder umweltfreundlichen Waren reichen.

3. *Kundenbestellungen:* Wenn ein Kunde eine Bestellung in Ihrem Shop aufgibt, erhalten Sie die Bestelldetails und die Zahlung.

4. *Auftragsabwicklung:* Sie leiten die Bestelldaten an Ihren Lieferanten weiter, der das Produkt dann vorbereitet und direkt an den Kunden versendet.

5. *Gewinn:* Die Differenz zwischen dem Preis, den Sie dem Kunden berechnen, und dem Preis, den Sie dem Lieferanten zahlen, ist Ihr Gewinn.

Dieses Modell ist bei Unternehmern beliebt, da es die Vorabinvestitionen minimiert und die Logistik für den Betrieb eines E-Commerce-Geschäfts vereinfacht.

So funktioniert Dropshipping

Um Dropshipping besser zu verstehen, finden Sie hier eine schrittweise Aufschlüsselung des Prozesses:

1. Eine Nische wählen:

Die Wahl der richtigen Nische ist entscheidend für Ihren Dropshipping-Erfolg. Eine Nische ist ein bestimmtes Segment des Marktsektors, das Sie mit Ihren Produkten ansprechen möchten. Anstatt zu versuchen, alles an alle zu verkaufen, können Sie durch die Konzentration auf eine Nische eine bestimmte Zielgruppe ansprechen und so Ihre Marketingbemühungen effektiver gestalten.

2. Zuverlässige Lieferanten finden:

Lieferanten sind das Rückgrat Ihres Dropshipping-Geschäfts. Sie stellen die von Ihnen verkauften Produkte bereit und kümmern sich um den Versand. Es ist wichtig, seriöse Lieferanten auszuwählen, um Produktqualität und pünktliche Lieferung sicherzustellen.

3. Einrichten Ihres Shopify-Shops:

Um Kunden zu gewinnen, zu konvertieren und zu binden, ist die Erstellung eines professionellen und benutzerfreundlichen Online-Shops von entscheidender Bedeutung. Mit der Shopify-Plattform können Sie ganz einfach Ihren Shop einrichten, ihn an Ihre Marke anpassen und den täglichen Betrieb verwalten.

4. Vermarktung Ihres Shops:

Sobald Ihr Geschäft eingerichtet ist, besteht der nächste Schritt darin, Kunden zu gewinnen. Effektive Marketingstrategien helfen Ihnen dabei, den Verkehr in Ihrem Geschäft zu steigern und Besucher in Käufer umzuwandeln.

5. Auftragsverwaltung und Kundenservice:

Effizientes Auftragsmanagement und exzellenter Kundenservice sind für die Aufrechterhaltung der Kundenzufriedenheit und -bindung von entscheidender Bedeutung.

Herausforderungen des Dropshipping

1. Geringere Gewinnspannen:

Während Dropshipping die Vorabkosten senkt, führt der Nachteil dazu, dass im Vergleich zum traditionellen Einzelhandel geringere Gewinnspannen erzielt werden. Da Sie die Produkte einzeln von Lieferanten kaufen, profitieren Sie nicht von Mengenrabatten. Darüber hinaus müssen Sie

Marketing- und Werbekosten berücksichtigen, die Ihren Gewinn weiter schmälern können.

2. Abhängigkeit von Lieferanten:

Ihr Unternehmen hängt stark von der Zuverlässigkeit Ihrer Lieferanten ab. Wenn ein Lieferant Produkte nicht rechtzeitig liefert, falsche Artikel versendet oder der Lagerbestand ausgeht, wirkt sich das direkt auf Ihre Kunden und Ihren Ruf aus. Der Aufbau starker Beziehungen zu vertrauenswürdigen Lieferanten ist entscheidend, um dieses Risiko zu mindern.

3. Begrenzte Kontrolle über Qualität und Versand:

Da Sie die Produkte nicht selbst bearbeiten, haben Sie nur begrenzte Kontrolle über deren Qualität und den Versandprozess. Schlechte Produktqualität oder verspätete Lieferungen können zu Unzufriedenheit der Kunden und negativen Bewertungen führen. Um diese Probleme zu minimieren, ist es wichtig, die Lieferanten gründlich zu überprüfen und Ihre Erwartungen klar zu kommunizieren.

4. Hoher Wettbewerb:

Dropshipping hat sich zu einem beliebten Geschäftsmodell entwickelt, das in vielen Nischen zu einem verstärkten Wettbewerb führt. Um sich in einem überfüllten Markt hervorzuheben, sind effektive Marketingstrategien, ein einzigartiges Branding und ein hervorragender Kundenservice erforderlich. Auch die Suche nach einer profitablen Nische mit geringerer Konkurrenz kann Ihnen einen Vorteil verschaffen.

5. Herausforderungen im Kundenservice:

Als Vermittler zwischen Ihren Kunden und Lieferanten müssen Sie Kundenanfragen, Beschwerden und Retouren verwalten. Die Bereitstellung eines exzellenten Kundenservice kann eine Herausforderung sein, wenn Sie nur begrenzte Kontrolle über das Produkt und den Versand haben. Klare Kommunikation und schnelle Antworten können jedoch dazu beitragen, Vertrauen und Loyalität aufzubauen.

Zusammenfassend lässt sich sagen, dass Dropshipping eine zugängliche und flexible Möglichkeit bietet, ein Online-Geschäft zu starten, mit zahlreichen Vorteilen wie niedrigen Startkosten, keiner Bestandsverwaltung und der Möglichkeit, eine breite Produktpalette anzubieten. Allerdings bringt es auch Herausforderungen wie geringere Gewinnspannen, Abhängigkeit von Lieferanten und starken Wettbewerb mit sich.

Wählen Sie Ihre Nische

Die Wahl Ihrer Nische ist die Grundlage Ihres Unternehmens und bereitet den Grundstein für alles, was folgt. Lassen Sie uns untersuchen, warum die Auswahl der richtigen Nische entscheidend ist und wie Sie eine profitable Nische recherchieren und auswählen können, die Ihren Interessen und der Marktnachfrage entspricht.

Die Bedeutung der Nischenauswahl

Die Wahl der richtigen Nische ist wie die Suche nach dem perfekten Grundstück für Ihr Haus. Es bestimmt den potenziellen Erfolg und das Wachstum Ihres Unternehmens. Hier sind einige Hauptgründe, warum die Auswahl einer Nische von entscheidender Bedeutung ist:

1. Gezieltes Marketing: Eine klar definierte Nische ermöglicht es Ihnen, Ihre Marketingbemühungen auf eine bestimmte Zielgruppe abzustimmen. Dieser fokussierte Ansatz macht Ihr Marketing effektiver und effizienter, da Sie direkt auf die Bedürfnisse und Wünsche Ihrer potenziellen Kunden eingehen können.

2. Reduzierter Wettbewerb: Während einige Nischen hart umkämpft sind, gibt es in anderen möglicherweise weniger Konkurrenz, sodass Sie bessere Chancen haben, sich von der Konkurrenz abzuheben. Indem Sie eine Nische mit geringerer Konkurrenz identifizieren, können Sie einen einzigartigen Raum für Ihr Unternehmen schaffen.

3. Kundenbindung: Wenn Sie eine bestimmte Nische bedienen, können Sie stärkere Beziehungen zu Ihren Kunden aufbauen. Es ist wahrscheinlicher, dass sie zu treuen Stammkunden werden, weil sie sich verstanden und wertgeschätzt fühlen.

4. Höhere Conversion-Raten: Die Ausrichtung auf einen Nischenmarkt bedeutet, dass Sie direkt mit Menschen sprechen, die an Ihrem Angebot interessiert sind. Diese Relevanz kann zu höheren Konversionsraten führen, da Ihre Produkte und Marketingbotschaften bei Ihrem Publikum stärker ankommen.

5. Markenautorität: Die Spezialisierung auf eine Nische kann Ihnen dabei helfen, Ihre Marke als Autorität in diesem Bereich zu etablieren. Wenn Kunden Sie als Experten sehen, ist die Wahrscheinlichkeit größer, dass sie Ihnen vertrauen und bei Ihnen kaufen.

Wie man eine profitable Nische recherchiert und auswählt

Nachdem wir nun die Bedeutung der Nischenauswahl verstanden haben, tauchen wir in den Prozess der Recherche und Auswahl einer profitablen Nische für Ihr Dropshipping-Geschäft ein. Hier ist eine Schritt-für-Schritt-Anleitung, die Ihnen den Einstieg erleichtert:

1. Identifizieren Sie Ihre Interessen und Leidenschaften:

Beginnen Sie mit dem Brainstorming von Nischen, die Ihren Interessen, Hobbys und Leidenschaften entsprechen. Die Führung eines Unternehmens erfordert Hingabe und Einsatz. Daher kann die Wahl einer Nische, für die Sie sich begeistern, Ihre Motivation erhalten. Erstellen Sie eine Liste mit Themen oder Branchen, die Sie begeistern. Diese anfängliche Liste muss nicht perfekt sein; Es ist nur ein Ausgangspunkt.

2. Bewerten Sie die Marktnachfrage:

Sobald Sie eine Liste potenzieller Nischen haben, ist es an der Zeit, die Marktnachfrage für jede einzelne zu bewerten. Sie möchten eine Nische auswählen, an der sich eine beträchtliche

Anzahl von Menschen interessiert. Hier sind einige Tools und Methoden zur Bewertung der Marktnachfrage:

- **Google Trends:** Verwenden Sie Google Trends, um das Suchvolumen und die Trends für Ihre Nischen-Keywords im Zeitverlauf anzuzeigen. Mit diesem Tool können Sie feststellen, ob das Interesse an Ihrer Nische wächst, stabil ist oder abnimmt.

- **Stichwortforschung:** Verwenden Sie Keyword-Recherchetools wie Ahrefs, SEMrush oder Google Keyword Planner, um beliebte Keywords mit Bezug zu Ihrer Nische zu finden. Suchen Sie nach Schlüsselwörtern mit hohem Suchvolumen und minimaler Konkurrenz.

- **Amazon-Bestseller:** Durchsuchen Sie die Bestsellerliste von Amazon in verschiedenen Kategorien, um zu sehen, welche Produkte beliebt sind. Dies kann Ihnen Einblicke in trendige Nischen und Produktideen geben.

- **Sozialen Medien:** Schauen Sie auf Social-Media-Plattformen wie Instagram, Pinterest und Facebook nach, welche Themen und Produkte im Trend liegen. Suchen Sie nach Communities und Influencern in Ihren potenziellen Nischen, um das Interesse zu messen.

3. Analysieren Sie die Konkurrenz:

Während Sie eine Nische mit Nachfrage finden möchten, ist es auch wichtig, das Ausmaß der Konkurrenz einzuschätzen. Wenn es zu viel Konkurrenz gibt, kann es schwierig sein, sich abzuheben.

Suche nach vertrauenswürdigen Lieferanten und Quellen für hochwertige Produkte

Nachdem Sie nun eine klare Richtung festgelegt haben, ist es an der Zeit, sich mit dem nächsten entscheidenden Aspekt Ihres Dropshipping-Geschäfts zu befassen: der Suche nach zuverlässigen Lieferanten und der Beschaffung hochwertiger Produkte. Dieser Abschnitt führt Sie durch den Prozess der Identifizierung und Zusammenarbeit mit Lieferanten, die Ihnen die besten Produkte für Ihr Geschäft liefern können.

Warum Lieferantenauswahl wichtig ist

Die Auswahl der richtigen Lieferanten ist aus mehreren Gründen von entscheidender Bedeutung:

1. Produktqualität: Hochwertige Produkte führen zu zufriedenen Kunden, weniger Retouren und positiven Bewertungen, was den Ruf Ihrer Marke verbessern kann.

2. Konsistenz: Zuverlässige Lieferanten sorgen für eine stetige Produktversorgung und helfen Ihnen, die Lagerbestände aufrechtzuerhalten und die Kundennachfrage zu erfüllen.

3. Versand und Lieferung: Ein effizienter und pünktlicher Versand erhöht die Kundenzufriedenheit und verringert die Wahrscheinlichkeit von Streitigkeiten und Rückerstattungen.

4. Preise und Margen: Wettbewerbsfähige Preise von Lieferanten können Ihre Gewinnmargen verbessern und es Ihnen ermöglichen, Ihren Kunden wettbewerbsfähige Preise anzubieten.

5. Kommunikation und Support: Gute Lieferanten sind reaktionsschnell und bieten einen hervorragenden Kundensupport, der für die Lösung eventuell auftretender Probleme von entscheidender Bedeutung ist.

Arten von Lieferanten

Bevor wir uns auf die Suche nach Lieferanten machen, ist es wichtig, die verschiedenen Arten von Lieferanten zu verstehen, denen Sie begegnen können:

1. Hersteller: Dies sind die Unternehmen, die die Produkte herstellen. Wenn Sie direkt mit den Herstellern zusammenarbeiten, können Sie die besten Preise erzielen, erfordern jedoch möglicherweise größere Bestellmengen.

2. Großhändler: Großhändler kaufen Produkte in großen Mengen von Herstellern ein und verkaufen sie in kleineren Mengen. Sie eignen sich für Dropshipper, die keine großen Mengen bestellen müssen.

3. Dropshipping-Lieferanten: Diese Lieferanten sind auf Dropshipping spezialisiert und kümmern sich um die Lagerung, Verpackung und den Versand der Produkte direkt an Ihre Kunden.

So finden Sie zuverlässige Lieferanten

Die Suche nach den richtigen Lieferanten erfordert Recherche, Überprüfung und manchmal auch ein wenig Versuch und

Irrtum. Hier sind ein paar Schritte, die Ihnen helfen, vertrauenswürdige Lieferanten zu identifizieren:

1. Online-Marktplätze recherchieren:

Online-Marktplätze wie AliExpress, Oberlo und Alibaba sind beliebte Plattformen für die Suche nach Dropshipping-Anbietern. Diese Plattformen bieten eine breite Palette an Produkten und Lieferanten, sodass Sie leicht Artikel finden, die zu Ihrer Nische passen.

- *AliExpress:* AliExpress ist für seine große Produktauswahl und wettbewerbsfähigen Preise bekannt und bei Dropshippern beliebt. Sie können Produkte durchsuchen, Rezensionen lesen und Lieferantenbewertungen bewerten.

- *Oberlo:* Oberlo lässt sich direkt in Shopify integrieren und ermöglicht so den nahtlosen Import von Produkten in Ihren Shop. Es bietet Tools zum Finden und Verwalten von Dropshipping-Lieferanten.

- *Ali Baba:* Obwohl Alibaba eher auf Großbestellungen ausgerichtet ist, ist es dennoch eine wertvolle Ressource für die Suche nach Herstellern und Großhändlern. Sie können direkt mit Lieferanten über bessere Preise verhandeln.

2. Lieferantenverzeichnisse nutzen:

Lieferantenverzeichnisse listen verifizierte Lieferanten auf und erleichtern so die Suche nach zuverlässigen Partnern. Einige beliebte Verzeichnisse sind:

- *SaleHoo:* SaleHoo bietet ein Verzeichnis von über 8.000 geprüften Lieferanten. Es handelt sich um einen kostenpflichtigen Dienst, der jedoch Zugang zu zuverlässigen Lieferanten und wertvollen Marktforschungstools bietet.

- **Weltweite Marken:** In diesem Verzeichnis finden Sie zertifizierte Großhändler und Dropshipping-Anbieter. Es erfordert einen einmaligen Mitgliedsbeitrag, bietet aber Zugang zu hochwertigen Lieferanten.

- **Alter:** Doba bündelt Lieferanten und ermöglicht Ihnen die Verwaltung Ihrer Dropshipping-Produkte über eine Plattform. Es handelt sich um einen abonnementbasierten Dienst mit einer breiten Produktpalette.

3. Besuchen Sie Messen und Networking-Events:

Messen und Branchenveranstaltungen sind hervorragende Gelegenheiten, Lieferanten persönlich zu treffen. Der Aufbau von Beziehungen zu Lieferanten bei diesen Veranstaltungen kann zu besseren Geschäften und langfristigen Partnerschaften führen. Suchen Sie nach für Ihre Nische relevanten Messen und besuchen Sie diese, um mit potenziellen Lieferanten in Kontakt zu treten.

4. Führen Sie Online-Suchen durch:

Eine einfache Online-Suche kann eine Fülle von Lieferantenoptionen ergeben. Verwenden Sie Schlüsselwörter, die sich auf Ihre Nische beziehen, z. B. „Nische + Dropshipping-Anbieter" oder „Nische + Großhandelsanbieter". Überprüfen Sie diese Lieferanten unbedingt sorgfältig, da nicht alle Ergebnisse zuverlässig sind.

5. Überprüfen Sie Branchenforen und Communities:

Online-Foren und Communities wie Reddit, Shopify Community und spezielle Dropshipping-Foren können Empfehlungen und Bewertungen von Lieferanten bereitstellen. Durch die Interaktion mit diesen Communities können Sie Einblicke in die Erfahrungen anderer Dropshipper erhalten.

Überprüfen Sie Ihre Lieferanten

Sobald Sie eine Liste potenzieller Lieferanten haben, ist es wichtig, diese zu überprüfen, um sicherzustellen, dass sie Ihren Standards entsprechen. So bewerten Sie Lieferanten effektiv:

1. Muster anfordern:

Bevor Sie sich an einen Lieferanten binden, fordern Sie Produktmuster an, um die Qualität aus erster Hand beurteilen zu können. Dieser Schritt ist unerlässlich, um sicherzustellen, dass die Produkte Ihren Erwartungen entsprechen und für Ihre Kunden geeignet sind.

2. Kommunikation bewerten:

Eine gute Kommunikation ist für eine reibungslose Partnerschaft unerlässlich. Achten Sie bei Ihren ersten Interaktionen darauf, wie reaktionsschnell und hilfsbereit der Lieferant ist. Eine schnelle und klare Kommunikation ist ein positiver Indikator für ihre Zuverlässigkeit.

3. Überprüfen Sie Rezensionen und Bewertungen:

Suchen Sie nach Rezensionen und Bewertungen auf Plattformen wie AliExpress, Alibaba und Lieferantenverzeichnissen. Bewertungen anderer Dropshipper können nützliche Informationen über die Zuverlässigkeit, Produktqualität und Versandzeiten des Lieferanten liefern.

4. Bewerten Sie Versand- und Lieferzeiten:

Eine pünktliche Lieferung ist entscheidend für die Kundenzufriedenheit. Erkundigen Sie sich nach den Versandmethoden, Lieferzeiten und eventuell angebotenen Tracking-Optionen des Lieferanten. Stellen Sie sicher, dass die Versandzeiten den Erwartungen Ihrer Kunden entsprechen.

5. Bedingungen aushandeln:

Zögern Sie nicht, Konditionen mit Lieferanten auszuhandeln. Besprechen Sie Preise, Mindestbestellmengen, Zahlungsbedingungen und Rückgaberichtlinien. Der Aufbau einer guten Beziehung zu Ihrem Lieferanten kann zu besseren Konditionen und Rabatten führen.

Wenn Sie mit Shopify Dropshipping betreiben, ist es für den Erfolg entscheidend zu verstehen, wie man effektiv recherchiert und eine Nische auswählt. Hier finden Sie eine detaillierte Beschreibung der Tools und Techniken, die Sie verwenden können:

Werkzeuge für die Nischenforschung

1. Google Trends: Google Trends ist ein leistungsstarkes Tool zur Untersuchung der Beliebtheit von Suchbegriffen im Zeitverlauf. So können Sie es nutzen:

- *Trends erkennen:* Verwenden Sie Google Trends, um zu sehen, ob das Interesse an Ihrer potenziellen Nische wächst oder abnimmt.

- *Schlüsselwörter vergleichen:* Vergleichen Sie verschiedene Keywords mit Bezug zu Ihrer Nische, um zu verstehen, welche im Trend liegen.

2. Tools zur Keyword-Recherche: Tools wie Google Keyword Planner, Ubersuggest oder SEMrush können Ihnen dabei helfen, relevante Keywords zu entdecken und das Suchvolumen abzuschätzen:

- *Suchvolumen:* Suchen Sie nach Schlüsselwörtern mit hohem Suchvolumen, um die potenzielle Nachfrage abzuschätzen.

- *Long-Tail-Keywords:* Zielen Sie auf bestimmte, weniger wettbewerbsintensive Long-Tail-Keywords für Nischenspezifität ab.

3. Social-Media-Plattformen: Plattformen wie Facebook, Instagram und Pinterest bieten Einblicke in die Interessen und das Engagement des Publikums:

- *Gruppen und Seiten:* Treten Sie relevanten Gruppen und Seiten bei, um Diskussionen und Interessen in Ihrer Nische zu verstehen.

- *Hashtags:* Überwachen Sie Hashtags, die sich auf Ihre Nische beziehen, um Beliebtheit und Engagement zu messen.

4. Tools zur Wettbewerbsanalyse: Tools wie Ahrefs oder SpyFu können Ihnen bei der Analyse der Konkurrenten in Ihrer Nische helfen:

- ***Identifizieren Sie Konkurrenten:*** Informieren Sie sich über Top-Wettbewerber, um deren Produktangebote, Preisstrategien und Kundenbindungstaktiken zu verstehen.

- ***Lückenanalyse:*** Identifizieren Sie Lücken oder unterversorgte Bereiche in Ihrer Nische, aus denen Sie Kapital schlagen können.

5. E-Commerce-Plattformen und Marktplätze: Schauen Sie sich Plattformen wie Amazon, eBay und Etsy an, um:

- ***Bestseller identifizieren:*** Suchen Sie nach den meistverkauften Produkten in Ihrer potenziellen Nische, um die Nachfrage zu bestätigen.

- ***Kundenbewertungen:*** Lesen Sie Kundenrezensionen, um Schwachstellen und Produktpräferenzen zu verstehen.

Techniken für die Nischenforschung

1. Leidenschaft und Wissen:

- ***Folgen Sie Ihren Interessen:*** Wählen Sie eine Nische, die Ihren Leidenschaften oder Ihrem Wissen entspricht, um motiviert und informiert zu bleiben.

- **Probleme lösen:** Identifizieren Sie häufige Probleme oder Schwachstellen in der von Ihnen gewählten Nische, die mit Ihren Produkten behoben werden können.

2. Zielgruppenforschung:

- **Käufer-Personas erstellen:** Entwickeln Sie vollständige Profile Ihrer idealen Kunden, einschließlich ihrer Demografie, Interessen und Kaufgewohnheiten.

- **Befragen Sie potenzielle Kunden:** Nutzen Sie Umfragen oder Interviews, um Erkenntnisse direkt von Ihrer Zielgruppe zu sammeln.

3. Keyword-Recherche:

- **Verwenden Sie Seed-Keywords:** Beginnen Sie mit allgemeinen Keywords, die sich auf Ihre Nische beziehen, und beschränken Sie sich dann auf spezifischere Long-Tail-Keywords.

- **SEO-Analyse:** Analysieren Sie die SEO-Schwierigkeit und den Wettbewerb für die von Ihnen ausgewählten Keywords, um die Machbarkeit eines Rankings zu beurteilen.

4. Bewerten Sie die Rentabilität:

- **Gewinnspannenanalyse:** Berechnen Sie potenzielle Gewinnspannen für Produkte in Ihrer Nische und berücksichtigen Sie dabei Kosten wie Versand und Werbung.

- **Saisonale Trends:** Berücksichtigen Sie saisonale Schwankungen und Trends, die sich auf die Produktnachfrage und den Umsatz auswirken könnten.

5. Testen Sie Ihre Ideen:

- **Richten Sie eine Landingpage ein:** Erstellen Sie eine einfache Zielseite, um das Interesse zu messen und E-Mail-Adressen potenzieller Kunden zu sammeln.

- **Schalten Sie kleine Anzeigen:** Testen Sie Produktideen mit kleinen Facebook- oder Google-Anzeigen, um Klickraten und Conversions zu messen.

Eine effektive Nischenrecherche ist die Grundlage für Ihren Erfolg beim Dropshipping mit Shopify. Durch den Einsatz der richtigen Tools und Techniken, das Verständnis Ihrer Zielgruppe und die Validierung der Nachfrage können Sie sicher eine Nische auswählen, die Ihren Interessen entspricht und das Potenzial für Rentabilität bietet. Bleiben Sie proaktiv bei der Beobachtung von Trends und passen Sie Ihre Strategie an, während Sie Einblicke in die Marktdynamik und Kundenpräferenzen gewinnen. Dieser Ansatz wird Ihnen nicht nur dabei helfen, ein starkes Fundament zu schaffen, sondern Sie auch für nachhaltiges Wachstum in der wettbewerbsintensiven Welt des Dropshipping zu positionieren.

KAPITEL ZWEI
Einrichten Ihres Shopify-Shops

Bevor Sie mit der Einrichtung Ihres Shops beginnen, ist es wichtig zu verstehen, was Shopify bietet und welche Vorteile es für Ihr Dropshipping-Geschäft haben kann.

Was ist Shopify?

Shopify ist eine beliebte E-Commerce-Plattform, mit der Sie Ihren Online-Shop erstellen und verwalten können, ohne sich um technische Details wie Hosting oder Webentwicklung kümmern zu müssen. Es bietet alle Tools und Funktionen, die Sie für den effizienten Online-Verkauf von Produkten benötigen.

Warum Shopify wählen?

- **Benutzerfreundliches Bedienfeld:** Das intuitive Dashboard von Shopify erleichtert Einsteigern die Einrichtung und Verwaltung ihrer Shops.

- **Integrierte Marketing-Tools:** Der Zugriff auf integrierte Tools wie SEO-Optimierung und Social-Media-Integrationen hilft Ihnen, mehr Kunden zu erreichen.

- **Skalierbarkeit:** Shopify wächst mit Ihrem Unternehmen und ermöglicht es Ihnen, Funktionen hinzuzufügen und Ihren Shop anzupassen, wenn er wächst.

- Support rund um die Uhr: Profitieren Sie vom Kundensupport-Team von Shopify, das Ihnen rund um die Uhr bei allen Problemen zur Seite steht.

Erstellen Sie Ihr Shopify-Konto

Schritt 1: Melden Sie sich bei Shopify an

- Gehen Sie zur offiziellen Website von Shopify und klicken Sie auf die Schaltfläche „Erste Schritte".

- Um ein Konto einzurichten, geben Sie Ihre E-Mail-Adresse, Ihr Passwort und Ihren Shopnamen ein.

- Geben Sie die erforderlichen Informationen ein, einschließlich Ihres Namens, Ihrer Adresse und Ihrer Telefonnummer.

Schritt 2: Wählen Sie einen Plan

- Shopify bietet verschiedene Preispläne (Basic Shopify, Shopify, Advanced Shopify) mit unterschiedlichen Funktionen und Transaktionsgebühren.

- Wählen Sie den Plan, der Ihrem Budget und Ihren Geschäftsanforderungen am besten entspricht. Beginnen Sie mit dem Basic Shopify-Plan und upgraden Sie ihn dann, wenn Ihr Unternehmen wächst.

Schritt 3: Richten Sie Ihren Shop ein

- Passen Sie die URL (Domainname) Ihres Shops an oder nutzen Sie die kostenlose MyShopify.com-Domain von Shopify.

- Schließen Sie den Shop-Einrichtungsassistenten ab, indem Sie Details zu Ihrem Unternehmen eingeben, z. B. Branche und Produkttypen.

Navigieren im Shopify-Dashboard

Sobald Ihr Konto eingerichtet ist, gelangen Sie zum Shopify-Dashboard, Ihrer Kommandozentrale für die Verwaltung Ihres Shops.

Übersicht über das Dashboard

- **Heim:** Das Haupt-Dashboard, in dem Sie Filialanalysen, Verkäufe und Besucherdaten auf einen Blick sehen können.

- **Aufträge:** Verwalten Sie Bestellungen, Erfüllungen und Kundenkommunikation.

- **Produkte:** Fügen Sie Ihre Produkte hinzu, bearbeiten und organisieren Sie sie, einschließlich Beschreibungen, Preisen und Inventar.

- **Kunden:** Greifen Sie auf Kundendaten wie Kontaktinformationen und Bestellhistorie zu und verwalten Sie diese.

- **Analytik:** Verfolgen Sie Verkaufstrends, Traffic-Quellen und andere wichtige Kennzahlen, um die Leistung Ihres Shops zu verstehen.

- **Marketing:** Führen Sie Kampagnen durch, erstellen Sie Rabatte und integrieren Sie Social-Media-Plattformen, um für Ihre Produkte zu werben.

Hauptfunktionen und Tools

- **Theme-Anpassung:** Wählen Sie aus der Shopify-Themenauswahl oder passen Sie das Erscheinungsbild Ihres Shops mit dem Theme-Editor an.

- **Appstore:** Entdecken Sie den App Store von Shopify, um zusätzliche Tools und Integrationen zu finden, mit denen Sie die Funktionalität Ihres Shops verbessern können.

- **Einstellungen:** Konfigurieren Sie Zahlungsgateways, Versandoptionen, Steuern und andere Shop-Einstellungen, um einen reibungslosen Betrieb zu gewährleisten.

Tipps für den Erfolg

- **Optimieren Sie Ihren Shop:** Nutzen Sie SEO-Best Practices, um die Sichtbarkeit in Suchmaschinen zu verbessern und organischen Traffic anzuziehen.

- **Mobilfreundliches Design:** Stellen Sie sicher, dass Ihr Shop auf Mobilgeräte reagiert, um ein nahtloses Einkaufserlebnis auf allen Geräten zu bieten.

- **Kundendienst:** Bieten Sie einen hervorragenden Kundenservice, um Vertrauen und Loyalität bei Ihren Kunden aufzubauen.

- **Überwachungsanalyse:** Überprüfen Sie die Analysen regelmäßig, um Wachstumschancen und Verbesserungsmöglichkeiten zu identifizieren.

Die Einrichtung Ihres Shopify-Shops ist ein aufregender erster Schritt zum Aufbau eines erfolgreichen Dropshipping-Geschäfts. Wenn Sie diese Schritte befolgen und sich mit den Tools und Funktionen von Shopify vertraut machen, sind Sie bestens gerüstet, um einen professionellen Online-Shop zu erstellen, der Kunden anzieht und den Umsatz steigert. Denken Sie daran, dass der Schlüssel zum Erfolg im kontinuierlichen Lernen, der Anpassung an Markttrends und der Bereitstellung außergewöhnlicher Kundenerlebnisse liegt.

Gestaltung Ihres Shops

Egal, ob Sie ein erfahrener Unternehmer sind oder gerade erst anfangen: Die Gestaltung Ihres Shops ist ein entscheidender Schritt beim Aufbau einer überzeugenden Online-Präsenz. Ein gut gestalteter Laden kann Kunden anziehen, Vertrauen aufbauen und letztendlich den Umsatz steigern. In diesem Kapitel führen wir Sie durch die wesentlichen Elemente des Shop-Designs, von der Auswahl und Anpassung eines Themas über das Branding Ihres Shops mit Logos, Farben und

Schriftarten bis hin zur Erstellung eines benutzerfreundlichen Navigationssystems.

Auswählen und Anpassen eines Shopify-Themes

Der erste Schritt bei der Gestaltung Ihres Shopify-Shops ist die Auswahl des richtigen Themes. Shopify bietet eine große Auswahl an kostenlosen und kostenpflichtigen Themes, jedes mit seinen einzigartigen Funktionen und Stilen. Das von Ihnen gewählte Thema gibt den Ton für Ihr gesamtes Geschäft vor. Daher ist es wichtig, eines zu wählen, das zu Ihrer Marke und Ihrem Produktangebot passt.

1. Durchsuchen von Themen:

Erkunden Sie zunächst den Shopify Theme Store, wo Sie eine Vielzahl von Themes finden, die nach Branche, Layoutstil und Funktionen kategorisiert sind. Nehmen Sie sich Zeit, durch die Optionen zu stöbern und eine Vorschau davon zu erhalten, wie die verschiedenen Themen in Aktion aussehen. Achten Sie auf Themen, die der von Ihnen angestrebten Ästhetik und Funktionalität entsprechen. Denken Sie daran, dass Ihr Thema Ihre Produkte ergänzen und Ihren Kunden ein nahtloses Einkaufserlebnis bieten sollte.

2. Wichtige Überlegungen bei der Auswahl eines Themas:

- **Branchentauglichkeit:** Einige Themen sind speziell für bestimmte Branchen konzipiert, beispielsweise Mode, Elektronik oder Heimdekoration. Wählen Sie ein Thema, das zu Ihrer Nische passt, um sicherzustellen, dass es die Funktionen und Layouts enthält, die Ihre Produkte effektiv präsentieren.

- **Empfänglichkeit:** In der heutigen, von Mobilgeräten geprägten Welt ist ein responsives Theme nicht mehr verhandelbar. Stellen Sie sicher, dass das von Ihnen gewählte Thema gut aussieht und auf allen Geräten, einschließlich Smartphones und Tablets, gut funktioniert.

- **Anpassungsoptionen:** Suchen Sie nach Themen mit einem hohen Maß an Individualisierung. Sie möchten die Flexibilität haben, Farben, Schriftarten, Layouts und andere Designelemente an Ihre Markenidentität anzupassen.

- **Benutzerrezensionen und -bewertungen:** Schauen Sie sich die Rezensionen und Bewertungen der Themes an, die Sie interessieren. Das Feedback anderer Benutzer kann wertvolle Einblicke in die Leistung und Benutzerfreundlichkeit des Themes liefern.

3. Anpassen Ihres Themes:

Sobald Sie ein Thema ausgewählt haben, ist es an der Zeit, es zu Ihrem eigenen zu machen. Durch die Personalisierung können Sie das Thema an den einzigartigen Stil und die Persönlichkeit Ihrer Marke anpassen. So fangen Sie an:

- **Zugriff auf den Theme-Editor:** Wählen Sie in Ihrem Shopify-Admin-Dashboard „Online-Shop" und dann „Themen" aus. Um den Theme-Editor zu verwenden, klicken Sie auf die Schaltfläche „Anpassen" neben dem von Ihnen gewählten Theme.

- **Bearbeiten von Farben und Schriftarten:** Verwenden Sie den Theme-Editor, um das Farbschema und die Schriftarten so zu ändern, dass sie zu Ihrer Marke passen. Konsistente Farben und Schriftarten sorgen für ein einheitliches und professionelles Erscheinungsbild. Wählen Sie eine Farbpalette, die die Persönlichkeit Ihrer Marke widerspiegelt, und wählen Sie Schriftarten aus, die leicht zu lesen sind und zur Stimme Ihrer Marke passen.

- **Anpassen von Layouts:** Die meisten Themes verfügen über vorgefertigte Layouts für verschiedene Seiten, z. B. die Startseite, Produktseiten und Sammlungen. Passen Sie diese Layouts an, um Ihre meistverkauften Produkte hervorzuheben, Werbeaktionen zu präsentieren und Kunden durch ihre Einkaufsreise zu führen.

- **Abschnitte hinzufügen und neu anordnen:** Shopify-Themen enthalten häufig anpassbare Abschnitte, die Sie hinzufügen, entfernen oder neu anordnen können. Nutzen Sie diese Abschnitte, um Erfahrungsberichte, Blogbeiträge, Bildergalerien und andere Inhalte zu präsentieren, die das Einkaufserlebnis verbessern.

- **Apps integrieren:** Der App Store von Shopify bietet eine Vielzahl von Apps, die die Funktionalität Ihres Themes verbessern können. Von Produktbewertungen und Social-Media-Feeds bis hin zu erweiterter Suche und E-Mail-Marketing – es gibt für fast alles eine App. Integrieren Sie die

Apps, die den Bedürfnissen und Zielen Ihres Shops entsprechen.

Branding Ihres Shops: Logos, Farben und Schriftarten.

Branding ist ein entscheidender Aspekt des Designs Ihres Shopify-Shops. Eine starke Markenidentität hilft Ihnen, sich von der Konkurrenz abzuheben, Vertrauen bei den Kunden aufzubauen und ein unvergessliches Einkaufserlebnis zu schaffen. In diesem Abschnitt behandeln wir die Grundlagen des Brandings, einschließlich der Erstellung eines Logos, der Auswahl von Farben und Schriftarten.

1. Erstellen eines Logos:

Ihr Logo ist die visuelle Identität Ihrer Marke. Es ist oft das Erste, was Kunden bemerken, daher ist es wichtig, einen starken Eindruck zu hinterlassen. Hier sind einige Tipps für die Entwicklung eines hervorragenden Logos:

 - ***Einfachheit:*** Ein einfaches Logo ist leicht zu erkennen und zu merken. Vermeiden Sie Unordnung und halten Sie das Design einfach und unkompliziert.

- ***Relevanz:*** Stellen Sie sicher, dass Ihr Logo die Persönlichkeit und Werte Ihrer Marke widerspiegelt. Erwägen Sie die Verwendung von Symbolen oder Symbolen, die sich auf Ihre Branche oder Ihre Produkte beziehen.

- **Skalierbarkeit:** Ihr Logo sollte in jeder Größe phänomenal aussehen, sei es auf einer Visitenkarte oder einer Werbetafel. Stellen Sie sicher, dass es in verschiedenen Kontexten skalierbar und lesbar ist.

- **Professionelles Design:** Wenn Sie kein Designer sind, sollten Sie erwägen, einen Fachmann zu beauftragen oder Online-Logo-Design-Tools zu nutzen. Ein gut gestaltetes Logo kann die Wahrnehmung Ihrer Marke erheblich beeinflussen.

2. Farben auswählen:

Farben spielen eine entscheidende Rolle bei der Vermittlung der Identität Ihrer Marke und beim Erwecken von Emotionen. So wählen Sie eine Farbpalette für Ihr Geschäft aus:

- **Markenpersönlichkeit:** Denken Sie über die Emotionen und Werte nach, die Ihre Marke vermitteln soll. Blau steht beispielsweise oft für Vertrauen und Zuverlässigkeit, während Rot Aufregung und Energie hervorrufen kann.

- **Konsistenz:** Verwenden Sie die von Ihnen gewählten Farben einheitlich in allen Elementen Ihres Shops, einschließlich Logo, Website, sozialen Medien und Marketingmaterialien. Konsistenz trägt zum Aufbau der Markenbekanntheit bei.

- **Kontrast:** Stellen Sie sicher, dass zwischen Ihren Hintergrund- und Textfarben ein ausreichender Kontrast besteht, damit Ihre Inhalte gut lesbar sind. Verwenden Sie Farbkontrastwerkzeuge, um die Barrierefreiheit zu prüfen.

- **Akzentfarben:** Wählen Sie eine oder zwei Akzentfarben, um wichtige Elemente wie Call-to-Action-Buttons und

Werbeaktionen hervorzuheben. Akzentfarben können Aufmerksamkeit erregen und das Handeln der Kunden leiten.

3. Schriftarten auswählen:

Schriftarten tragen auch zur Persönlichkeit und Lesbarkeit Ihrer Marke bei. Befolgen Sie bei der Auswahl von Schriftarten die folgenden Richtlinien:

- *Lesbarkeit:* Wählen Sie Schriftarten, die gut lesbar sind, insbesondere für Fließtexte. Vermeiden Sie übermäßig dekorative Schriftarten, die schwer verständlich sein können.

- *Schriftarten koppeln:* Verwenden Sie eine Kombination von Schriftarten für verschiedene Zwecke. Normalerweise benötigen Sie eine Schriftart für Überschriften und eine andere für den Fließtext. Stellen Sie sicher, dass die Schriftarten einander ergänzen und ein harmonisches Erscheinungsbild schaffen.

- *Markenstimme:* Ihre Schriftartenauswahl sollte mit der Stimme Ihrer Marke übereinstimmen. Beispielsweise könnte eine verspielte Marke eine skurrilere Schriftart verwenden, während sich eine professionelle Marke für eine klassische Serifenschrift entscheiden könnte.

- *Websichere Schriftarten:* Stellen Sie sicher, dass Ihre Schriftarten websicher und mit verschiedenen Geräten und Browsern kompatibel sind. Google Fonts ist eine hervorragende Ressource zum Auffinden websicherer Schriftarten.

Erstellen einer benutzerfreundlichen Navigation

Ein gut gestaltetes Navigationssystem ist für ein reibungsloses und angenehmes Einkaufserlebnis unerlässlich. Eine effektive Navigation hilft Kunden, schnell und einfach zu finden, was sie suchen, was Frustrationen reduziert und die Wahrscheinlichkeit eines Kaufs erhöht. Lassen Sie uns untersuchen, wie Sie ein benutzerfreundliches Navigationssystem für Ihren Shopify-Shop erstellen.

1. Organisieren Sie Ihr Menü:

Das Menü Ihres Shops ist die primäre Art und Weise, wie Kunden auf Ihrer Website navigieren. Hier sind einige Tipps für eine effektive Organisation:

- *Kategorien löschen:* Gruppieren Sie Ihre Produkte in klare, logische Kategorien. Vermeiden Sie es, Kunden mit zu vielen Optionen zu überfordern. Streben Sie nach Einfachheit und Klarheit.

- *Dropdown-Menüs:* Verwenden Sie Dropdown-Menüs, um Unterkategorien zu organisieren und Ihr Hauptmenü übersichtlich zu halten. Mithilfe von Dropdown-Menüs können Kunden einen Drilldown zu bestimmten Abschnitten durchführen, ohne die Hauptnavigationsleiste zu überladen.

- *Vorrangige Platzierung:* Platzieren Sie die wichtigsten und am häufigsten besuchten Kategorien oben in Ihrem Menü. Erwägen Sie die Verwendung von Analysen, um festzustellen, welche Seiten den meisten Verkehr erhalten, und passen Sie Ihr Menü entsprechend an.

2. Suchfunktion erstellen:

Eine Suchfunktion ist ein Muss für jeden Online-Shop. Es ermöglicht Kunden, bestimmte Produkte schnell zu finden, insbesondere wenn sie etwas Bestimmtes im Sinn haben. So optimieren Sie Ihre Suchfunktion:

- ***Sichtbare Suchleiste:*** Stellen Sie sicher, dass die Suchleiste gut sichtbar auf Ihrer Homepage und anderen wichtigen Seiten angezeigt wird. Es sollte leicht zu erkennen und zu verwenden sein.

- ***Automatische Vervollständigung:*** Implementieren Sie eine Funktion zur automatischen Vervollständigung, die Produkte vorschlägt, während Kunden diese eingeben. Dies kann den Suchvorgang beschleunigen und Kunden dabei helfen, Produkte zu entdecken, die sie vielleicht nicht in Betracht gezogen hätten.

- ***Filter und Sortierung:*** Ermöglichen Sie Kunden, Suchergebnisse nach verschiedenen Kriterien wie Preis, Beliebtheit und Bewertungen zu filtern. Mithilfe der Sortieroptionen können Kunden ihre Auswahl eingrenzen und das Gesuchte effizienter finden.

3. Verwendung von Breadcrumbs:

Breadcrumbs sind eine sekundäre Navigationshilfe, die Kunden ihren Standort innerhalb der Hierarchie Ihres Shops anzeigt. Sie bieten eine Reihe von Links, die zu vorherigen Seiten zurückführen, sodass Kunden problemlos zu Kategorien auf höherer Ebene zurücknavigieren können. So nutzen Sie Semmelbrösel effektiv:

- *Sichtbarkeit:* Platzieren Sie Semmelbrösel oben auf Ihren Seiten, direkt unter dem Hauptmenü. Sie sollten leicht zu sehen und zu verwenden sein.

- *Klarheit:* Stellen Sie sicher, dass der Breadcrumb-Pfad die Struktur Ihrer Website genau widerspiegelt. Verwenden Sie für jede Ebene klare und prägnante Beschriftungen.

- *Konsistentes Design:* Behalten Sie ein einheitliches Design für Breadcrumbs auf allen Seiten bei. Dies hilft Kunden, sie zu erkennen und effektiv zu nutzen.

4. Implementierung eines Fußzeilenmenüs:

Das Fußzeilenmenü ist ein weiteres wichtiges Navigationselement, das das Benutzererlebnis verbessern kann. Es enthält typischerweise Links zu wichtigen Seiten und Ressourcen, wie zum Beispiel:

- *Kontaktinformationen:* Bieten Sie einfachen Zugriff auf Ihre Kontaktdaten, einschließlich E-Mail, Telefonnummer und physische Adresse.

- *Kundendienst:* Fügen Sie Links zu Kundendienstseiten hinzu, z. B. FAQs, Versandinformationen, Rückgaberichtlinien und Datenschutzrichtlinien.

- ***Social-Media-Links:*** Fügen Sie Symbole und Links zu Ihren Social-Media-Profilen hinzu. Dies ermutigt Kunden, sich auf anderen Plattformen mit Ihnen zu vernetzen.

- ***Newsletter abonnieren:*** Fügen Sie ein Newsletter-Anmeldeformular hinzu, um E-Mail-Adressen zu erfassen und Ihre E-Mail-Marketingliste zu erstellen.

- ***Zusätzliche Ressourcen:*** Erwägen Sie das Hinzufügen von Links zu Blogbeiträgen, Leitfäden oder anderen wertvollen Inhalten, die Kunden dabei helfen können, fundierte Entscheidungen zu treffen.

5. Mobilfreundliche Navigation:

Angesichts der zunehmenden Nutzung mobiler Geräte für Online-Einkäufe ist es von entscheidender Bedeutung, sicherzustellen, dass Ihre Navigation mobilfreundlich ist. Hier sind einige Tipps:

- ***Sich anpassendes Design:*** Wählen Sie ein responsives Theme, das sich an unterschiedliche Bildschirmgrößen anpasst. Testen Sie Ihre Navigation auf verschiedenen Geräten, um sicherzustellen, dass sie reibungslos funktioniert.

- ***Mobiles Menü:*** Verwenden Sie ein für Mobilgeräte optimiertes Menü, das oft als „Hamburger"-Menü bezeichnet wird und die Hauptnavigation in einem kompakten, zugänglichen Symbol zusammenfasst. Dieses Menü wird beim Klicken erweitert, sodass mobile Benutzer problemlos in Ihrem Shop navigieren können.

- **Berührungsfreundliche Elemente:** Stellen Sie sicher, dass alle Navigationselemente berührungsempfindlich sind. Das bedeutet, dass Sie über ausreichend große Schaltflächen und Links verfügen, auf die Sie leicht tippen können, ohne versehentlich auf benachbarte Elemente zu stoßen.

- **Optimierter Inhalt:** Auf Mobilgeräten ist der Platz begrenzt. Priorisieren Sie daher die wichtigsten Inhalte und Navigationsoptionen. Vermeiden Sie Unordnung und sorgen Sie für ein reibungsloses Scrollerlebnis.

Der letzte Schliff für ein ausgefeiltes Ladendesign

Nachdem Sie nun ein Thema ausgewählt, es angepasst und sichergestellt haben, dass Ihre Navigation benutzerfreundlich ist, ist es an der Zeit, Ihrem Shop-Design den letzten Schliff zu geben. Diese Elemente können die Gesamtästhetik und Funktionalität Ihres Geschäfts verbessern und es für Kunden attraktiver machen.

1. Hochwertige Bilder:

Hochwertige Produktfotos sind für die wirkungsvolle Vermarktung Ihrer Produkte von entscheidender Bedeutung. Verschwommene oder niedrig aufgelöste Bilder können Kunden abschrecken und die Professionalität Ihrer Marke untergraben. Hier sind einige Hinweise für den effektiven Einsatz von Bildern:

- **Konsistenter Stil:** Verwenden Sie für alle Ihre Produktbilder einen einheitlichen Stil. Dazu gehören Beleuchtung, Hintergrund und Bildabmessungen. Durchgängigkeit entsteht ein einheitliches und professionelles Erscheinungsbild.

- **Mehrere Winkel:** Stellen Sie für jedes Produkt mehrere Bilder bereit, die verschiedene Blickwinkel und Details zeigen. Dies hilft den Kunden, ein besseres Gefühl für das Produkt zu bekommen und verringert die Unsicherheit.

- **Zoomfunktion:** Implementieren Sie eine Zoomfunktion, die es Kunden ermöglicht, Details Ihrer Produkte aus der Nähe zu sehen. Diese Funktion kann das Einkaufserlebnis verbessern, insbesondere bei Produkten mit komplizierten Details.

2. Ansprechende Kopie:

Der Text in Ihrem Shop, einschließlich Produktbeschreibungen, Info-Seiten und Blogbeiträge, spielt eine entscheidende Rolle bei der Kundenbindung und der Vermittlung der Persönlichkeit Ihrer Marke. Hier sind einige Tipps zum Erstellen faszinierender Texte:

- **Klar und prägnant:** Stellen Sie sicher, dass Ihre Kopie klar, prägnant und leicht lesbar ist. Vermeiden Sie Fachjargon und komplizierte Terminologie, die Kunden verwirren könnten.

- **Markenstimme:** Entwickeln Sie eine einheitliche Markenstimme, die die Persönlichkeit Ihrer Marke widerspiegelt. Ob verspielt, professionell oder inspirierend, Ihre Stimme sollte bei Ihrer Zielgruppe Anklang finden.

- **SEO-Optimierung:** Optimieren Sie Ihren Text für Suchmaschinen, indem Sie relevante Schlüsselwörter einbinden. Dies kann dazu beitragen, die Sichtbarkeit Ihres Shops in den Suchergebnissen zu verbessern und mehr organischen Traffic anzuziehen.

3. Vertrauenssignale:

Der Aufbau von Vertrauen bei Ihren Kunden ist entscheidend, um den Umsatz anzukurbeln und die Loyalität aufrechtzuerhalten. Integrieren Sie Vertrauenssignale in Ihr gesamtes Geschäft, um Kunden zu beruhigen und ihr Vertrauen in Ihre Marke zu stärken:

- **Kundenbewertungen:** Präsentieren Sie Kundenrezensionen und Erfahrungsberichte prominent auf Ihren Produktseiten. Positive Bewertungen können Kaufentscheidungen beeinflussen und Glaubwürdigkeit aufbauen.

- **Sicherheitsabzeichen:** Fügen Sie Sicherheitsabzeichen und Vertrauenssiegel hinzu, um anzuzeigen, dass Ihr Geschäft sicher ist und Kundendaten geschützt sind. Dies kann besonders für Erstbesucher beruhigend sein.

- **Klare Richtlinien:** Machen Sie Ihre Versand-, Rückgabe- und Datenschutzrichtlinien leicht zugänglich. Erklären Sie Ihre Richtlinien klar und deutlich, um Erwartungen zu wecken und etwaige Bedenken der Kunden auszuräumen.

4. Call-to-Action-Buttons:

Call-to-Action (CTA)-Buttons leiten Kunden zu gewünschten Aktionen, wie zum Beispiel dem Hinzufügen von Produkten zum Warenkorb, der Anmeldung für einen Newsletter oder dem Abschluss eines Kaufs. Effektive CTAs sind entscheidend für die Steigerung der Conversions. Hier sind einige Tipps zur Optimierung Ihrer CTAs:

- Klar und überzeugend: Verwenden Sie eine klare und überzeugende Sprache für Ihre CTA-Buttons. Anstelle allgemeiner Begriffe wie „Klicken Sie hier" verwenden Sie handlungsorientierte Formulierungen wie „Jetzt kaufen", „Anmelden" oder „Mehr erfahren".

- Sichtbar und kontrastreich: Stellen Sie sicher, dass Ihre CTA-Buttons hervorstechen, indem Sie kontrastierende Farben verwenden, die Aufmerksamkeit erregen. Sie sollten sowohl auf Desktop- als auch auf Mobilgeräten gut sichtbar und anklickbar sein.

- Strategische Platzierung: Platzieren Sie Ihre CTAs strategisch in Ihrem Geschäft, insbesondere auf stark frequentierten Seiten wie der Startseite, den Produktseiten und der Checkout-Seite. Machen Sie es Ihren Kunden leicht, mit dem nächsten Schritt fortzufahren.

5. Konsistentes Branding:

Konsistenz ist der Schlüssel zur Schaffung einer professionellen und einprägsamen Marke. Stellen Sie sicher, dass alle Elemente Ihres Ladendesigns, vom Logo und Farbschema bis hin zu Schriftarten und Bildern, mit Ihrer Markenidentität übereinstimmen. Konsistentes Branding trägt dazu bei, im Laufe der Zeit Wiedererkennung und Vertrauen aufzubauen.

6. Testen und Iteration:

Sobald Sie Ihr Ladendesign implementiert haben, ist es wichtig, es zu testen und zu iterieren, um sicherzustellen, dass alles reibungslos funktioniert und die Bedürfnisse Ihrer Kunden erfüllt. So gehen Sie diesen Prozess an:

- **Benutzertests:** Führen Sie Benutzertests durch, um Feedback zum Design und zur Benutzerfreundlichkeit Ihres Shops zu sammeln. Bitten Sie Freunde, Familie oder sogar potenzielle Kunden, sich in Ihrem Geschäft umzusehen und ihre Erkenntnisse mitzuteilen.

- **A/B-Tests:** Nutzen Sie A/B-Tests, um verschiedene Designelemente zu vergleichen und herauszufinden, was am besten funktioniert. Testen Sie Variationen von CTA-Schaltflächen, Produktseitenlayouts und anderen Schlüsselelementen, um die Leistung Ihres Shops zu optimieren.

- **Analysen und Metriken:** Überwachen Sie die Analysen Ihres Shops, um wichtige Kennzahlen wie Absprungrate, Konversionsrate und durchschnittliche Sitzungsdauer zu verfolgen. Nutzen Sie diese Informationen, um nach Verbesserungsmöglichkeiten zu suchen und datengesteuerte Entscheidungen zu treffen.

7. Kontinuierliche Verbesserung:

Die Welt des E-Commerce ist dynamisch und die Vorlieben der Kunden können sich im Laufe der Zeit ändern. Bleiben Sie über die neuesten Designtrends auf dem Laufenden und suchen Sie kontinuierlich nach Möglichkeiten, Ihr Geschäft zu verbessern. Aktualisieren Sie regelmäßig Ihre Inhalte, aktualisieren Sie Ihre Bilder und führen Sie neue Funktionen ein, um Ihren Shop ansprechend und relevant zu halten.

Die Gestaltung Ihres Shopify-Shops ist ein spannender und kreativer Prozess, der den Grundstein für Ihren E-Commerce-Erfolg legt. Indem Sie das richtige Thema auswählen, es an Ihre Marke anpassen und ein benutzerfreundliches Navigationssystem erstellen, sind Sie auf dem besten Weg, einen überzeugenden Online-Shop aufzubauen.

Denken Sie daran: Der Schlüssel zu einem erfolgreichen Ladendesign liegt darin, die Bedürfnisse und Vorlieben Ihrer Kunden zu verstehen. Indem Sie dem Benutzererlebnis Priorität einräumen, ein konsistentes Branding beibehalten und Ihr Design kontinuierlich testen und verbessern, können Sie einen Shop schaffen, der nicht nur gut aussieht, sondern auch den Umsatz steigert und dauerhafte Kundenbeziehungen aufbaut.

Haben Sie zu Beginn dieser Reise keine Angst vor Experimenten und lassen Sie Ihrer Kreativität freien Lauf. Ihr Shopify-Shop spiegelt Ihre einzigartige Vision und Leidenschaft wider und mit dem richtigen Design können Sie ein Online-

Einkaufserlebnis schaffen, das Ihre Kunden begeistert und inspiriert.

KAPITEL DREI
Beschaffung von Produkten für Ihr Geschäft

In diesem Kapitel gehen wir auf die Besonderheiten der Produktbeschaffung für Ihr Geschäft ein. Dies ist der aufregende Teil der Reise, da die von Ihnen ausgewählten Produkte die Identität Ihres Geschäfts und letztendlich seinen Erfolg prägen. Wir gehen darauf ein, wie man zuverlässige Lieferanten identifiziert, welche Kriterien für deren Auswahl gelten, welche Dropshipping-Lieferanten und -Marktplätze am besten geeignet sind und wie man Lieferanten ordnungsgemäß überprüft und mit ihnen in Kontakt tritt. Lass uns anfangen.

Zuverlässige Lieferanten finden

Die Suche nach zuverlässigen Lieferanten ist wie die Suche nach einer Goldmine in der Dropshipping-Welt. Ihre Lieferanten sind das Rückgrat Ihres Unternehmens, und die Auswahl der richtigen Lieferanten kann über Erfolg oder Misserfolg Ihres Geschäfts entscheiden. Aber wie findet man diese schwer fassbaren, zuverlässigen Lieferanten?

1. Führen Sie Online-Recherchen durch: Das Internet ist eine Fülle an Wissen. Nutzen Sie Suchmaschinen, Lieferantenverzeichnisse und Dropshipping-Foren, um potenzielle Lieferanten zu finden. Websites wie Alibaba,

AliExpress und Oberlo sind hervorragende Ausgangspunkte. Diese Plattformen verfügen über eine große Auswahl an Anbietern, die jeweils unterschiedliche Produkte und Dienstleistungen anbieten.

2. *Lieferantenverzeichnisse:* Lieferantenverzeichnisse sind Datenbanken mit Lieferanten, kategorisiert nach Branche, Produkt oder Standort. Zu den beliebten Verzeichnissen gehören SaleHoo, Worldwide Brands und Doba. Diese Verzeichnisse überprüfen häufig Lieferanten und bieten so eine gewisse Sicherheit und Zuverlässigkeit.

3. *Networking und Messen:* Besuchen Sie Branchenmessen und Networking-Events. Dies sind fantastische Gelegenheiten, Lieferanten persönlich zu treffen, ihre Produkte zu sehen und Beziehungen aufzubauen. Websites wie das Trade Show News Network können Ihnen dabei helfen, relevante Veranstaltungen zu finden.

4. *Soziale Medien und Foren:* Treten Sie Dropshipping-Gruppen auf Social-Media-Plattformen wie Facebook und Reddit bei. Treten Sie mit der Community in Kontakt, indem Sie nach Empfehlungen fragen und Ihre eigenen Erfahrungen teilen. Oftmals können andere Dropshipper Sie auf zuverlässige Lieferanten verweisen, mit denen sie zusammengearbeitet haben.

5. *Kontaktieren Sie die Hersteller direkt:* Manchmal ist der beste Weg, einen zuverlässigen Lieferanten zu finden, direkt zur Quelle zu gehen. Kontaktieren Sie die Hersteller der Produkte, an denen Sie interessiert sind, und fragen Sie, ob sie Dropshipping-Dienste anbieten, oder können Sie einen Händler empfehlen, der dies tut.

Kriterien für die Lieferantenauswahl

Nicht alle Lieferanten sind gleich. Sobald Sie eine Liste potenzieller Lieferanten haben, müssen Sie diese sorgfältig prüfen. Hier sind einige wesentliche Eigenschaften, auf die Sie achten sollten:

1. Produktqualität: Die Qualität der von Ihnen verkauften Produkte wirkt sich direkt auf den Ruf Ihres Geschäfts aus. Fordern Sie Muster von Ihren potenziellen Lieferanten an, um die Produktqualität zu bewerten. Achten Sie auf langlebige Materialien, gute Handwerkskunst und genaue Produktbeschreibungen.

2. Zuverlässigkeit und Reputation: Informieren Sie sich über den Ruf Ihrer Lieferanten. Suchen Sie nach Rezensionen und Bewertungen auf Plattformen wie Trustpilot, Google Reviews oder in Lieferantenverzeichnissen. Ein zuverlässiger Lieferant sollte über positives Feedback und eine Erfolgsbilanz bei pünktlichen Lieferungen verfügen.

3. Kommunikation: Eine gute Kommunikation ist entscheidend. Ihr Lieferant sollte reaktionsschnell, klar und leicht zu erreichen sein. Testen Sie ihre Kommunikation, indem Sie Fragen stellen und darauf achten, wie schnell und gründlich sie antworten.

4. Preise und Mindestbestellmengen (MOQs): Vergleichen Sie die Preise verschiedener Anbieter, um sicherzustellen, dass Sie einen wettbewerbsfähigen Preis erhalten. Überprüfen Sie außerdem, ob es

Mindestbestellmengen gibt. Bei einigen Anbietern müssen Sie eine bestimmte Produktmenge bestellen, was für neue Dropshipper ein Hindernis darstellen kann.

5. Versandzeiten und -kosten: Der Versand kann über das Kundenerlebnis entscheiden. Stellen Sie sicher, dass Ihr Lieferant angemessene Lieferzeiten und -kosten bietet. Idealerweise sollten sie Tracking-Informationen bereitstellen und bei Bedarf den internationalen Versand abwickeln.

6. Rückgabe- und Rückerstattungsrichtlinien: Machen Sie sich mit den Rückgabe- und Rückerstattungsrichtlinien des Lieferanten vertraut. Diese Richtlinien sollten sowohl für Sie als auch für Ihre Kunden fair und klar sein. Ein Lieferant mit strengen oder vagen Rückgaberichtlinien kann zu unzufriedenen Kunden führen.

7. Technologie und Integration: Ihr Lieferant sollte Technologielösungen anbieten, die sich nahtlos in Ihren Shopify-Shop integrieren lassen. Dazu gehören Bestandsverwaltung, automatisierte Auftragsabwicklung und Produktaktualisierungen in Echtzeit.

Top-Dropshipping-Anbieter und Marktplätze

Nachdem Sie nun wissen, worauf Sie bei einem Lieferanten achten müssen, wollen wir uns einige der besten Dropshipping-Anbieter und Marktplätze ansehen, die Sie für Ihr Geschäft in Betracht ziehen können.

1. AliExpress: AliExpress ist eine der beliebtesten Dropshipping-Plattformen. Es bietet eine große Auswahl an

Produkten zu günstigen Preisen. Viele Lieferanten auf AliExpress haben Erfahrung mit Dropshipping, was die Einrichtung Ihres Shops erleichtert. Der Nachteil sind längere Lieferzeiten, insbesondere wenn Ihre Kunden in den USA oder Europa ansässig sind.

2. Oberlo: Oberlo ist ein Marktplatz, der mit Shopify zusammenarbeitet und es einfach macht, Produkte direkt in Ihren Shop zu importieren. Das Unternehmen bezieht seine Produkte hauptsächlich von AliExpress, bietet jedoch eine kuratierte Auswahl an Lieferanten an, um eine bessere Qualität und Zuverlässigkeit zu gewährleisten.

3. SaleHoo: SaleHoo ist ein Lieferantenverzeichnis, das Lieferanten überprüft und sicherstellt, dass sie zuverlässig sind und Qualitätsprodukte anbieten. Es umfasst Lieferanten aus verschiedenen Branchen und bietet Tools, die Ihnen bei der Suche nach profitablen Nischen und Trendprodukten helfen.

4. Alter: Doba fasst Produkte verschiedener Lieferanten zusammen und vereinfacht so die Suche und Verwaltung von Lieferanten. Es bietet eine breite Palette von Produkten und Funktionen wie die Integration von Produktdaten, die die Verwaltung Ihres Lagerbestands erleichtern.

5. Großhandelszentrale: Diese Plattform verfügt über eine Datenbank mit Großhandelslieferanten in den Vereinigten Staaten.

Es bietet eine Reihe von Produkten und ist kostenlos zu nutzen. Es ist jedoch wichtig, jeden Lieferanten einzeln zu überprüfen, da die Plattform keine Garantie für die Zuverlässigkeit der Lieferanten bietet.

6. Ausdrucksweise: Wenn Sie daran interessiert sind, individuell bedruckte Produkte wie Kleidung, Accessoires und Wohndekoration zu verkaufen, ist Printful eine großartige Option. Es lässt sich nahtlos in Shopify integrieren und bietet hochwertige Druckqualität und schnelle Lieferzeiten.

7. Spock: Spocket konzentriert sich auf Lieferanten aus den USA und Europa und bietet im Vergleich zu Lieferanten mit Sitz in Asien schnellere Lieferzeiten. Es lässt sich in Shopify integrieren und bietet eine Reihe von Produkten an, von Bekleidung bis hin zu Elektronik.

8. Modalyst: Modalyst bietet eine kuratierte Liste von Lieferanten, die hochwertige Produkte anbieten, darunter auch Markenartikel. Es lässt sich in Shopify integrieren und automatisiert viele Aspekte des Dropshippings, wodurch die Verwaltung Ihres Shops einfacher wird.

Wie man Lieferanten überprüft und mit ihnen kommuniziert

Sobald Sie potenzielle Lieferanten identifiziert haben, ist es an der Zeit, sie zu überprüfen und starke Kommunikationskanäle einzurichten. Hier ist eine Schritt-für-Schritt-Anleitung, die Ihnen bei der Navigation durch den Prozess hilft:

1. Erstkontakt: Kontaktieren Sie Ihre potenziellen Lieferanten per E-Mail oder Telefon. Stellen Sie sich und Ihr Unternehmen oder Ihre Marke vor und bekunden Sie Ihr Interesse an deren Produkten. Fragen Sie nach Dropshipping-

Diensten, Versandzeiten, Rückgabebedingungen und anderen relevanten Informationen.

2. Fordern Sie Muster an: Fordern Sie Produktmuster an, um die Qualität zu bewerten. Dieser Schritt ist entscheidend, um sicherzustellen, dass die Produkte Ihren Standards entsprechen und mit ihren Beschreibungen übereinstimmen.

3. Überprüfen Sie Referenzen und Rezensionen: Suchen Sie nach Bewertungen von anderen Dropshippern oder Unternehmen, die mit dem Lieferanten zusammengearbeitet haben. Bitten Sie den Lieferanten nach Möglichkeit um Referenzen. Kontaktieren Sie diese Referenzen, um persönliche Erfahrungsberichte zu erhalten.

4. Kommunikation bewerten: Achten Sie bei Ihren Interaktionen genau darauf, wie der Lieferant kommuniziert. Sind ihre Antworten unmittelbar und klar? Beantworten sie alle Ihre Fragen zufriedenstellend? Eine gute Kommunikation ist für eine reibungslose Geschäftsbeziehung unerlässlich.

5. Bedingungen aushandeln: Scheuen Sie sich nicht, Konditionen mit Ihren Lieferanten auszuhandeln. Besprechen Sie Preise, Versandkosten, MOQs und Zahlungsbedingungen. Ein guter Lieferant sollte bereit sein, mit Ihnen zusammenzuarbeiten, um für beide Seiten vorteilhafte Konditionen zu finden.

6. Dokumentation anfordern: Fordern Sie alle erforderlichen Unterlagen an, z. B. Geschäftslizenzen, Zertifizierungen oder Versicherungen. Dies kann dabei helfen, die Legitimität des Lieferanten zu überprüfen.

7. Testen Sie den Lieferanten: Geben Sie eine kleine Bestellung auf, um den Prozess des Lieferanten zu testen. Überwachen Sie, wie lange es dauert, bis die Bestellung bearbeitet, versendet und geliefert wird. Bewerten Sie die Verpackung und den Zustand der Produkte bei der Ankunft.

8. Bauen Sie eine Beziehung auf: Sobald Sie Ihren Lieferanten ausgewählt haben, bauen Sie weiterhin eine starke Beziehung auf. Regelmäßige Kommunikation, pünktliche Zahlungen und gegenseitiger Respekt tragen wesentlich zu einer erfolgreichen Partnerschaft bei.

9. Nutzungsverträge: Erwägen Sie die Verwendung von Verträgen zur Formalisierung Ihrer Vereinbarungen. In einem Vertrag können Geschäftsbedingungen, Erwartungen und andere relevante Details festgelegt werden. Dies kann Schutz für beide Seiten bieten und dazu beitragen, Missverständnisse zu vermeiden.

Die Beschaffung von Produkten für Ihren Shopify-Shop ist ein entscheidender Schritt beim Aufbau eines erfolgreichen Dropshipping-Geschäfts. Indem Sie zuverlässige Lieferanten finden, diese sorgfältig überprüfen und eine starke Kommunikation pflegen, können Sie sicherstellen, dass Ihr Geschäft qualitativ hochwertige Produkte und einen hervorragenden Kundenservice bietet. Denken Sie daran, dass Ihre Lieferanten Ihre Partner auf diesem Weg sind und die Auswahl der richtigen Lieferanten Sie auf den Weg zum Erfolg bringen kann.

Produkte zu Ihrem Shop hinzufügen

Das Hinzufügen von Produkten zu Ihrem Shopify-Shop ist einer der aufregendsten Teile bei der Gründung Ihres Unternehmens. Hier nimmt Ihr Geschäft Gestalt an und erhält seine einzigartige Identität. Es geht aber nicht nur darum, Bilder hochzuladen und Preise festzulegen. Um Ihr Geschäft hervorzuheben, müssen Sie diese Aufgabe mit einer strategischen Denkweise angehen.

1. *Identifizieren Sie Ihre Nische:* Bevor Sie mit dem Hinzufügen von Produkten beginnen, ist es wichtig, Ihre Nische zu identifizieren. Welche Art von Produkten beabsichtigen Sie zu verkaufen? Wer ist Ihre Zielgruppe? Ein klares Verständnis Ihrer Nische hilft Ihnen bei der Auswahl von Produkten, die bei Ihren potenziellen Kunden Anklang finden.

2. *Produktkategorien erstellen:* Organisieren Sie Ihre Produkte in Kategorien. Dies erleichtert Ihnen nicht nur die Verwaltung Ihres Lagerbestands, sondern hilft Ihren Kunden auch, sich in Ihrem Geschäft zurechtzufinden. Wenn Sie beispielsweise Wohnaccessoires verkaufen, verfügen Sie möglicherweise über Kategorien wie „Wandkunst", „Möbel", „Beleuchtung" und „Zubehör".

3. *Wählen Sie hochwertige Bilder:* Beim Online-Shopping kommt es auf die optische Attraktivität an. Nutzen Sie hochwertige Bilder für Ihre Produkte. Idealerweise sollten Ihre Bilder klar und gut beleuchtet sein und das Produkt aus mehreren Blickwinkeln zeigen. Wenn möglich, fügen Sie Bilder des verwendeten Produkts bei.

4. Legen Sie wettbewerbsfähige Preise fest: **Preisgestaltung** kann einen Verkauf ausmachen oder scheitern. Untersuchen Sie Ihre Konkurrenz, um die Marktpreise für Ihre Produkte zu ermitteln. Streben Sie ein Gleichgewicht zwischen wettbewerbsfähigen Preisen und der Aufrechterhaltung gesunder Gewinnmargen an. Denken Sie daran, Kosten wie Versand, Transaktionsgebühren und Marketing zu berücksichtigen.

5. Für SEO optimieren: Suchmaschinenoptimierung (SEO) ist entscheidend für die Steigerung des organischen Traffics in Ihrem Shop. Integrieren Sie relevante und passende Schlüsselwörter in Ihre Produkttitel, Beschreibungen und Tags. Dies hilft Suchmaschinen, Ihre Produkte zu verstehen und macht es für potenzielle Kunden einfacher, Sie zu finden.

6. Verfassen Sie überzeugende Produktbeschreibungen: Ihre Produktbeschreibungen sollten informativ und überzeugend sein. Heben Sie die Vorteile, Vorteile und charakteristischen Verkaufsargumente jedes Produkts hervor.

7. Bestandsverwaltung einrichten: Behalten Sie den Überblick über Ihren Lagerbestand, um Überverkäufe oder Fehlbestände zu vermeiden. Shopify bietet integrierte Tools zur Bestandsverwaltung, mit denen Sie Lagerbestände überwachen, Benachrichtigungen bei niedrigem Lagerbestand einrichten und Produktvarianten verwalten können.

8. Kundenrezensionen aktivieren: Kundenrezensionen können Kaufentscheidungen maßgeblich beeinflussen. Aktivieren Sie Bewertungen auf Ihren Produktseiten, um Vertrauen aufzubauen und soziale Beweise zu liefern.

Ermutigen Sie Ihre Kunden, Bewertungen abzugeben, indem Sie nach dem Kauf nachfragen und Anreize wie Rabatte auf zukünftige Bestellungen anbieten.

Importieren von Produkten von Lieferanten

Sobald Sie den Grundstein für das Hinzufügen von Produkten zu Ihrem Shop gelegt haben, ist es an der Zeit, diese von Ihren Lieferanten zu importieren. Dieser Prozess umfasst die Auswahl der richtigen Produkte, die Sicherstellung ihrer korrekten Auflistung und die Aufrechterhaltung eines nahtlosen Bestandsflusses von Ihren Lieferanten zu Ihrem Geschäft.

1. Wählen Sie Ihre Lieferanten: Wie in den vorherigen Kapiteln erläutert, ist die Suche nach zuverlässigen Lieferanten von entscheidender Bedeutung. Unabhängig davon, ob Sie Plattformen wie AliExpress, Oberlo oder Spocket nutzen, stellen Sie sicher, dass Ihre Lieferanten qualitativ hochwertige Produkte, zuverlässigen Versand und guten Kundenservice bieten.

2. Shopify-Apps verwenden: Shopify bietet mehrere Apps, die den Import von Produkten zum Kinderspiel machen. Mit Apps wie Oberlo, Spocket und Dropified können Sie Lieferantenkataloge durchsuchen, Produkte auswählen und diese mit nur wenigen Klicks direkt in Ihren Shop importieren.

3. Produktinformationen importieren: Stellen Sie beim Import von Produkten sicher, dass alle notwendigen

Informationen enthalten sind. Dazu gehören typischerweise Produkttitel, Beschreibungen, Preise, Bilder und Varianten (wie Größe und Farbe). Bei den meisten Shopify-Apps können Sie diese Informationen vor dem Import anpassen.

4. Überprüfen und bearbeiten: Verlassen Sie sich nicht ausschließlich auf die Produktinformationen des Anbieters. Überprüfen und bearbeiten Sie die Produktdetails, um sie an die Stimme und den Stil Ihrer Marke anzupassen. Stellen Sie sicher, dass die Produktbeschreibungen ansprechend, die Bilder von hoher Qualität und die Preise wettbewerbsfähig sind.

5. Automatisieren Sie die Inventarsynchronisierung: Um Überverkäufe zu vermeiden, richten Sie eine Bestandssynchronisierung mit Ihren Lieferanten ein. Viele Dropshipping-Apps bieten Bestandsaktualisierungen in Echtzeit und stellen so sicher, dass Ihre Lagerbestände immer korrekt sind. Dies hilft, Fehlbestände zu vermeiden und sorgt für zufriedene Kunden.

6. Überwachen Sie die Produktleistung: Behalten Sie nach dem Import Ihrer Produkte deren Leistung im Auge. Verwenden Sie die Analysetools von Shopify, um Verkäufe, Kundenverhalten und Lagerbestände zu verfolgen. Mithilfe dieser Daten können Sie beliebte Produkte identifizieren, Ihre Preise optimieren und fundierte Entscheidungen über Ihren Lagerbestand treffen.

7. Bleiben Sie über Lieferantenänderungen auf dem Laufenden: Lieferanten können ihre Produktangebote, Preise oder Versandrichtlinien aktualisieren. Bleiben Sie über diese Änderungen auf dem Laufenden, um sicherzustellen, dass Ihr

Shop auf dem neuesten Stand bleibt. Überprüfen Sie regelmäßig Lieferantenbenachrichtigungen und aktualisieren Sie Ihre Produktlisten entsprechend.

Effektive Produktbeschreibungen verfassen

Produktbeschreibungen sind Ihr wichtigstes Instrument, um potenzielle Kunden zum Kauf zu bewegen. Eine gut ausgearbeitete Beschreibung informiert nicht nur, sondern schafft auch Überzeugungskraft und schafft Vertrauen in Ihre Produkte. So schreiben Sie effektive Produktbeschreibungen, die verkaufen.

1. Kennen Sie Ihr Publikum: Der erste Schritt beim Verfassen überzeugender Produktbeschreibungen besteht darin, Ihr Publikum zu verstehen. Wer sind Ihre Kunden? Was sind ihre Bedürfnisse, Vorlieben und Schmerzpunkte? Passen Sie Ihre Beschreibungen an, um Ihre Zielgruppe anzusprechen.

2. Heben Sie Vorteile hervor, nicht nur Funktionen: Während es wichtig ist, die Funktionen Ihres Produkts aufzulisten, kann die Konzentration auf die Vorteile eine stärkere Wirkung erzielen. Erklären Sie, wie das Produkt ein Problem angeht und behebt oder das Leben des Kunden verbessert. Anstatt zum Beispiel zu sagen: „Diese Wasserflasche hat ein Fassungsvermögen von 32 Unzen", sagen Sie: „Mit dieser großen 32-Unzen-Wasserflasche, die sich perfekt für das Training und arbeitsreiche Tage eignet, bleiben Sie den ganzen Tag hydriert."

3. Erzählen Sie eine Geschichte: Durch Storytelling kann Ihr Produkt nachvollziehbarer und ansprechender werden.

Beschreiben Sie ein Szenario, in dem das Produkt verwendet wird, oder erzählen Sie eine Geschichte über seine Entstehung. Zum Beispiel: „Stellen Sie sich vor, Sie trinken Ihren Morgenkaffee aus dieser handgefertigten Tasse, die von erfahrenen Kunsthandwerkern mit traditionellen Techniken hergestellt wurde."

4. *Verwenden Sie die Sinnessprache:* Sprechen Sie die Sinne Ihrer Kunden an, indem Sie eine beschreibende Sprache verwenden. Wörter wie „weich", „knusprig", „lebendig" und „luxuriös" können Kunden dabei helfen, sich das Produkt vorzustellen und zu fühlen. Zum Beispiel: „Wickeln Sie sich in den weichen, luxuriösen Komfort unseres Bademantels aus 100 % Baumwolle."

5. *Seien Sie klar und prägnant:* Obwohl es wichtig ist, beschreibend zu sein, vermeiden Sie lange Absätze. Halten Sie Ihre Beschreibungen präzise, unkompliziert und leicht lesbar. Verwenden Sie Aufzählungspunkte, um wichtige Funktionen und Vorteile hervorzuheben, und unterbrechen Sie den Text bei Bedarf mit Zwischenüberschriften.

6. *Spezifikationen einschließen:* Stellen Sie detaillierte Spezifikationen bereit, um Kunden dabei zu helfen, fundierte Entscheidungen zu treffen. Dazu können Abmessungen, Materialien, Gewicht und Pflegehinweise gehören. Zum Beispiel: „Abmessungen/Größen: 12 x 8 x 6 Zoll. Material: 100 % Bio-Baumwolle. Waschmaschinenfest."

7. *Schlüsselwörter einbinden:* Denken Sie daran, für SEO-Zwecke relevante Schlüsselwörter in Ihre Produktbeschreibungen aufzunehmen. Dies trägt dazu bei, dass Ihre Produkte in den Suchmaschinenergebnissen einen höheren Rang einnehmen, und macht es für Kunden einfacher, Ihren Shop zu finden. Verwenden Sie Schlüsselwörter auf natürliche Weise und verzichten Sie auf Keyword-Stuffing.

8. *Fügen Sie einen Call-to-Action hinzu:* Ermutigen Sie Kunden mit einem klaren Aufruf zum Handeln, den nächsten Schritt zu gehen. Phrasen wie „In den Warenkorb", „Jetzt einkaufen" und „Nicht verpassen" sind Phrasen, die Kunden zum Kauf motivieren können. Stellen Sie sicher, dass Ihr Call-to-Action prominent und überzeugend ist.

9. *Nutzen Sie Social Proof:* Integrieren Sie Kundenrezensionen, Bewertungen und Erfahrungsberichte in Ihre Produktbeschreibungen. Social Proof kann Vertrauen aufbauen und potenziellen Kunden Sicherheit geben. Zum Beispiel: „Schließen Sie sich Tausenden zufriedener Kunden an, die unsere umweltfreundlichen Wasserflaschen lieben!"

10. *A/B-Tests:* Scheuen Sie sich nicht, mit verschiedenen Beschreibungen zu experimentieren. Führen Sie A/B-Tests durch, um herauszufinden, welche Beschreibungen die beste Leistung erbringen. Nutzen Sie die Daten, um Ihren Ansatz zu verfeinern und Ihre Produktlisten kontinuierlich zu verbessern.

Wettbewerbsfähige Preise festlegen

Die wettbewerbsfähige Preisgestaltung Ihrer Produkte ist eine Kombination aus Kunst und Wissenschaft. Die richtige Preisstrategie kann Kunden anlocken, den Umsatz steigern und die Rentabilität sicherstellen. Hier ist ein umfassender Leitfaden, der Ihnen dabei hilft, wettbewerbsfähige Preise für Ihren Shopify-Shop festzulegen:

Verstehen Sie Ihre Kosten: Bevor Sie Ihre Preise festlegen, müssen Sie alle mit dem Betrieb Ihres Dropshipping-Geschäfts verbundenen Kosten verstehen. Dazu gehören die Kosten der verkauften Waren (COGS), Versandkosten, Transaktionsgebühren, Marketingkosten und andere Gemeinkosten. Wenn Sie Ihre Gesamtkosten kennen, stellen Sie sicher, dass Sie Preise festlegen, die Ihre Ausgaben decken und einen Gewinn erwirtschaften.

Forschungskonkurrenten: Führen Sie Marktforschung durch, um zu verstehen, wie Ihre Konkurrenten ihre Produkte bewerten. Betrachten Sie sowohl direkte Konkurrenten (diejenigen, die die gleichen Produkte verkaufen) als auch indirekte Konkurrenten (diejenigen, die ähnliche Produkte verkaufen). Die Analyse der Wettbewerbspreise hilft Ihnen, Ihre Produkte auf dem Markt zu positionieren und Möglichkeiten zur Differenzierung Ihres Geschäfts zu erkennen.

Bestimmen Sie Ihre Preisstrategie: Abhängig von Ihren Geschäftszielen und Marktbedingungen können Sie verschiedene Preisstrategien verwenden.

Hier sind einige gängige Strategien:

Cost-Plus-Preise: Dabei wird ein fester Prozentsatz oder Betrag zu den Kosten Ihrer Produkte addiert, um den Verkaufspreis zu ermitteln. Wenn Ihr COGS beispielsweise 20 $ beträgt und Sie einen Aufschlag von 50 % wünschen, würden Sie das Produkt mit 30 $ bepreisen.

Wettbewerbsfähige Preisanpassung: Bei dieser Strategie legen Sie Ihre Preise auf der Grundlage der Preise Ihrer Mitbewerber fest. Abhängig von Ihrem Wertversprechen können Sie wählen, ob die Preise für Ihre Produkte niedriger, höher oder gleich hoch wie die Ihrer Mitbewerber sein sollen.

Wertorientierte Preisgestaltung: Bei dieser Methode werden Preise basierend auf dem wahrgenommenen Wert Ihrer Produkte für die Kunden festgelegt. Wenn Sie hochwertige, einzigartige oder Markenprodukte anbieten, können Sie einen Premiumpreis verlangen.

Psychologische Preisgestaltung: Diese Strategie nutzt Preistaktiken, die die Emotionen und Wahrnehmungen der Kunden ansprechen. Wenn Sie beispielsweise ein Produkt mit 29,99 $ statt 30,00 $ bepreisen, erscheint es billiger, auch wenn der Unterschied minimal ist.

Betrachten Sie Ihre Zielgruppe: Ihre Preisgestaltung sollte sich an den Erwartungen und der Kaufkraft Ihrer Zielgruppe orientieren. Wenn Sie preisbewusste Kunden ansprechen, sind wettbewerbsfähige Preise oder Preisaufschläge möglicherweise effektiver. Wenn Sie Premium-Kunden ansprechen, ist eine wertorientierte Preisgestaltung möglicherweise besser geeignet.

Berücksichtigen Sie die Versandkosten: Versandkosten können Ihre Preisstrategie erheblich beeinflussen. Entscheiden Sie, ob Sie kostenlosen Versand, einen Pauschalversand oder eine Versandkostenpauschale basierend auf dem Bestellwert oder -gewicht anbieten möchten. Wenn Sie kostenlosen Versand anbieten, berücksichtigen Sie die Versandkosten unbedingt in Ihren Produktpreisen, um eine Aushöhlung Ihrer Gewinnspanne zu vermeiden

Nutzen Sie Rabatte und Sonderangebote mit Bedacht: Rabatte und Sonderaktionen können den Umsatz ankurbeln und neue Kunden gewinnen, sollten aber strategisch eingesetzt werden. Das Anbieten zu vieler Rabatte kann Ihre Produkte entwerten und Ihre Rentabilität beeinträchtigen. Erwägen Sie die Durchführung zeitlich begrenzter Werbeaktionen, die Bündelung von Produkten oder das Anbieten von Rabatten für Stammkunden, um die Loyalität zu fördern.

Preise überwachen und anpassen: Die Preisgestaltung ist keine einmalige Aufgabe. Überprüfen Sie Ihre Preise regelmäßig und passen Sie sie basierend auf den Marktbedingungen, den Aktionen der Wettbewerber und dem Kundenfeedback an. Verwenden Sie Analysetools, um die Leistung Ihrer Produkte zu verfolgen und Trends zu erkennen, die möglicherweise Preisanpassungen erfordern.

Wert kommunizieren: Unabhängig von Ihrer Preisstrategie ist es wichtig, den Wert Ihrer Produkte effektiv zu kommunizieren. Heben Sie die Funktionen, Vorteile und Alleinstellungsmerkmale in Ihren Produktbeschreibungen und Marketingmaterialien hervor. Kunden sollten verstehen, warum Ihre Produkte den von Ihnen verlangten Preis wert sind.

Testen Sie verschiedene Preise: Scheuen Sie sich nicht, mit verschiedenen Preispunkten zu experimentieren, um den optimalen Preis für Ihre Produkte zu finden. Nutzen Sie A/B-Tests, um die Leistung verschiedener Preise zu vergleichen und Daten zum Kundenverhalten zu sammeln. Tests helfen Ihnen, datengesteuerte Entscheidungen zu treffen und Ihre Preisstrategie zu optimieren.

Erwägen Sie die Währungsumrechnung: Wenn Sie international verkaufen, überlegen Sie, wie sich die Währungsumrechnung auf Ihre Preisgestaltung auswirkt.

Verwenden Sie den integrierten Währungsumrechner von Shopify oder Apps von Drittanbietern, um Preise in der Landeswährung Ihrer Kunden anzuzeigen. Das verbessert das Einkaufserlebnis und reduziert Kaufhindernisse.

Das Hinzufügen von Produkten zu Ihrem Shopify-Shop und die Festlegung wettbewerbsfähiger Preise sind entscheidende Schritte beim Aufbau eines erfolgreichen Dropshipping-Geschäfts. Durch die sorgfältige Zusammenstellung Ihrer Produktangebote und deren strategische Preisgestaltung können Sie Kunden gewinnen und binden, den Umsatz steigern und die Rentabilität sicherstellen. Denken Sie daran, dass der Schlüssel zum Erfolg darin liegt, Ihre Nische zu verstehen, Ihre Konkurrenten zu recherchieren und Ihre Strategien kontinuierlich zu optimieren. Halten Sie Ihren Shop frisch und ansprechend, indem Sie Ihre Produkte regelmäßig aktualisieren und Ihren Preisansatz verfeinern. Mit diesen Strategien sind Sie auf dem besten Weg, einen florierenden Dropshipping-Shop auf Shopify aufzubauen.

KAPITEL VIER
Verwalten Ihres Shops

Dieses Kapitel konzentriert sich auf drei entscheidende Aspekte: Auftragsabwicklung und Bestandsverwaltung, Automatisierung der Auftragsabwicklung, Verfolgung von Lagerbeständen und Abwicklung von Retouren und Rückerstattungen. Die effektive Verwaltung dieser Elemente ist der Schlüssel zu einem reibungslosen und erfolgreichen Dropshipping-Geschäft.

Auftragsabwicklung und Bestandsverwaltung

Auftragsabwicklung verstehen

Wenn ein Kunde eine Bestellung in Ihrem Shopify-Shop aufgibt, beginnt der Prozess, das Produkt vom Lieferanten zu Ihrem Kunden zu bringen. Dies wird als Auftragserfüllung bezeichnet. In einem traditionellen Einzelhandelsmodell würden Sie dies selbst erledigen, aber beim Dropshipping liegt diese Verantwortung größtenteils bei Ihren Lieferanten. Ihre Aufgabe ist es, dafür zu sorgen, dass dieser Prozess reibungslos abläuft.

Die Auftragsabwicklung umfasst mehrere Schritte:

1. Auftragsbestätigung: Sobald eine Bestellung aufgegeben wurde, müssen Sie diese bei Ihrem Lieferanten bestätigen.

2. Abwicklung der Bestellung: Anschließend bearbeitet der Lieferant die Bestellung, bereitet das Produkt vor und versendet es an Ihren Kunden.

3. Sendungsverfolgung und Lieferung: Verfolgen Sie die Bestellung, bis sie an Ihren Kunden geliefert wird. Auch wenn Sie nicht direkt mit den Produkten umgehen, ist es wichtig, diesen Prozess zu überwachen, um eine pünktliche Lieferung und Kundenzufriedenheit sicherzustellen.

Bestandsverwaltung

Im traditionellen Einzelhandel ist die Bestandsverwaltung eine wichtige Aufgabe, die Lagerung, Handhabung und Inventur umfasst. Auch wenn Sie beim Dropshipping keinen Lagerbestand selbst führen, ist die Verwaltung der Lagerbestände dennoch wichtig. Sie müssen sicherstellen, dass Ihre Lieferanten die Produkte, die Sie in Ihrem Shop anbieten, auf Lager und versandbereit haben.

Warum Bestandsverwaltung wichtig ist:

1. Fehlbestände vermeiden: Ein Mangel an Lagerbeständen kann zu verpassten Verkaufschancen und enttäuschten Kunden führen.

2. Überverkäufe reduzieren: Überverkäufe entstehen, wenn Sie mehr Produkte verkaufen, als Ihr Lieferant auf Lager hat, was zu Verzögerungen und unzufriedenen Kunden führt.

3. Aufrechterhaltung des Kundenvertrauens: Die ständige Verfügbarkeit von Produkten schafft Vertrauen bei Ihren Kunden.

Um den Lagerbestand effektiv zu verwalten, bauen Sie starke Kommunikationsverbindungen zu Ihren Lieferanten auf und nutzen Sie Tools und Apps, die in Shopify integriert sind, um Lagerbestände in Echtzeit zu verfolgen.

Automatisierung der Auftragsabwicklung

Die manuelle Auftragsabwicklung kann zeitaufwändig und fehleranfällig sein. Die Automatisierung rationalisiert diesen Prozess, spart Ihnen Zeit und verringert das Fehlerrisiko. Shopify bietet mehrere Apps und Tools, die die Auftragsabwicklung automatisieren können, sodass sie nahezu freihändig erfolgt.

Auswahl der richtigen Automatisierungstools

Berücksichtigen Sie bei der Auswahl von Automatisierungstools Folgendes:

1. Integration mit Shopify: Stellen Sie sicher, dass sich das Tool nahtlos in Ihren Shopify-Shop integriert.

2. Lieferantenintegration: Das Tool sollte gut mit den Systemen Ihrer Lieferanten funktionieren.

3. Funktionen und Flexibilität: Suchen Sie nach Funktionen wie der Verarbeitung von Großbestellungen, automatischen Tracking-Updates und anpassbaren Arbeitsabläufen.

Beliebte Automatisierungstools für Shopify

1. Oberlo: Ein beliebtes Tool zur Automatisierung der Auftragsabwicklung. Damit können Sie Produkte direkt in Ihren Shopify-Shop importieren, und wenn eine Bestellung aufgegeben wird, führt Oberlo diese automatisch bei Ihrem Lieferanten aus.

2. Dropifiziert: Ein weiteres leistungsstarkes Automatisierungstool, das Funktionen wie automatisierte Auftragsabwicklung, Tracking-Updates und Produktimport bietet.

3. Spock: Ideal für die Suche nach hochwertigen Produkten von Lieferanten in den USA und Europa, mit automatisierten Fulfillment-Funktionen.

Automatisierung einrichten

Das Einrichten der Automatisierung in Ihrem Shopify-Shop umfasst Folgendes:

1. Installation der App: Wählen und installieren Sie im Shopify App Store die Automatisierungs-App, die Ihren Anforderungen am besten entspricht.

2. Einstellungen konfigurieren: Passen Sie die App-Einstellungen an Ihren Arbeitsablauf an. Sie können beispielsweise festlegen, dass Bestellungen automatisch ausgeführt werden, sobald sie aufgegeben werden.

3. Testen: Führen Sie vor der Produktivsetzung einige Testaufträge durch, um sicherzustellen, dass alles reibungslos funktioniert.

Automatisierung kann Ihren Arbeitsaufwand erheblich reduzieren, sodass Sie sich auf andere wichtige Aspekte Ihres Unternehmens konzentrieren können, beispielsweise auf Marketing und Kundenservice.

Nachverfolgung von Lagerbeständen

Durch die Bestandsverfolgung in Echtzeit stellen Sie sicher, dass Ihr Geschäft immer die tatsächlichen Lagerbestände Ihrer Lieferanten widerspiegelt. Dies trägt dazu bei, das gefürchtete „Nicht vorrätig"-Szenario zu vermeiden und sorgt dafür, dass Ihre Kunden zufrieden sind.

Tools zur Bestandsverfolgung

Mehrere Tools können Ihnen dabei helfen, den Überblick über die Lagerbestände zu behalten:

1. Die integrierten Tools von Shopify: Shopify bietet grundlegende Funktionen zur Bestandsverfolgung, mit denen Sie die Menge jeder Produktvariante verfolgen und Benachrichtigungen erhalten können, wenn der Lagerbestand niedrig ist.

2. Apps zur Bestandsverwaltung: Apps wie Stock Sync, Katana und TradeGecko bieten erweiterte Funktionen zur Bestandsverwaltung, wie etwa Bestandsaktualisierungen in Echtzeit und die Integration mehrerer Lieferanten.

Best Practices für die Bestandsverwaltung

1. Regelmäßige Kommunikation mit Lieferanten: Pflegen Sie regelmäßige Kommunikation mit Ihren Lieferanten, um über Lagerbestände und mögliche Verzögerungen auf dem Laufenden zu bleiben.

2. Verwendung mehrerer Lieferanten: Sich auf einen einzigen Lieferanten zu verlassen, kann riskant sein. Diversifizieren Sie Ihren Lieferantenstamm, um sicherzustellen, dass Sie immer über alternative Quellen für Ihre Produkte verfügen.

3. Einrichten von Warnmeldungen zu niedrigen Lagerbeständen: Konfigurieren Sie Ihre Bestandsverwaltungstools so, dass Benachrichtigungen gesendet werden, wenn der Lagerbestand unter einen bestimmten Schwellenwert fällt.

Indem Sie die Lagerbestände genau im Auge behalten, können Sie Fehlbestände vermeiden und Ihren Kunden ein reibungsloses Einkaufserlebnis gewährleisten.

Bearbeitung von Retouren und Rückerstattungen

Rückgaben und Rückerstattungen sind ein unvermeidbarer Bestandteil jedes Einzelhandelsgeschäfts. Wie Sie damit umgehen, kann sich erheblich auf die Kundenzufriedenheit und den Ruf Ihres Shops auswirken. Eine klare und faire Rückgaberichtlinie schafft Vertrauen und ermutigt Kunden, vertrauensvoll einzukaufen.

Erstellen einer Rückgaberichtlinie

Eine klar definierte Rückgaberichtlinie sollte Folgendes umfassen:

1. Zeitrahmen für Rücksendungen: Geben Sie den Zeitraum an, innerhalb dessen Kunden Produkte zurückgeben können (z. B. 30 Tage nach dem Kauf).

2. Zustand der zurückgegebenen Artikel: Geben Sie deutlich an, in welchem Zustand die Artikel zurückgegeben werden müssen (z. B. unbenutzt, in der Originalverpackung).

3. Kosten für die Rücksendung: Geben Sie an, wer die Kosten für den Rückversand trägt (z. B. Kunde oder Geschäft).

4. Rückerstattungsprozess: Erklären Sie, wie und wann Rückerstattungen bearbeitet werden.

Mitteilung Ihrer Rückgabebedingungen

Machen Sie Ihre Rückgabebedingungen auf Ihrer Website leicht zugänglich. Platzieren Sie es an prominenten Stellen wie der Fußzeile, dem FAQ-Bereich und der Checkout-Seite. Stellen Sie sicher, dass die Sprache klar und unkompliziert ist.

Retouren effizient abwickeln:

1. Rückgabeanfragen automatisieren: Verwenden Sie Apps wie Returnly, AfterShip Returns Center oder Loop Returns, um den Prozess der Rücksendeanforderung zu automatisieren und zu optimieren.

2. Rücksendeetiketten bereitstellen: Das Anbieten vorfrankierter Rücksendeetiketten kann den Prozess für Kunden vereinfachen und ihr Erlebnis verbessern.

3. Retouren verfolgen: Behalten Sie den Überblick über zurückgegebene Artikel und deren Status, um eine rechtzeitige Bearbeitung und Rückerstattung sicherzustellen.

Bearbeitung von Rückerstattungen:

Rückerstattungen sollten zeitnah bearbeitet werden, um das Vertrauen der Kunden zu wahren. Sobald eine Rücksendung eingegangen und geprüft ist, führen Sie die Rückerstattung mit derselben Zahlungsmethode durch, die der Kunde für den Kauf verwendet hat. Informieren Sie den Kunden, wann die Rückerstattung bearbeitet wurde, und geben Sie einen voraussichtlichen Zeitplan an, wann er mit der Gutschrift des Geldes rechnen kann.

Bearbeitung von Rückerstattungsstreitigkeiten:

Gelegentlich kann es zu Streitigkeiten über Rückerstattungen kommen. Gehen Sie mit diesen Situationen sorgfältig und professionell um:

1. Hören Sie dem Kunden zu: Verstehen Sie ihre Bedenken und versuchen Sie, eine für beide Seiten akzeptable Lösung zu finden.

2. Seien Sie transparent: Erklären Sie Ihre Rückgabebedingungen und die Gründe für die getroffenen Entscheidungen klar und deutlich.

3. Alternativen anbieten: Wenn eine Rückerstattung nicht möglich ist, sollten Sie als Alternative eine Gutschrift oder einen Umtausch in Betracht ziehen.

Durch die effektive Verwaltung von Retouren und Rückerstattungen können Sie eine potenziell negative Erfahrung in eine positive umwandeln und so eine langfristige Loyalität bei Ihren Kunden aufbauen.

Abschließende Gedanken

Die Verwaltung Ihres Shopify-Shops umfasst viel mehr als nur das Auflisten von Produkten und das Warten auf den Beginn der Verkäufe. Effektive Auftragsabwicklung, Bestandsverwaltung, Automatisierung sowie die Abwicklung von Retouren und Rückerstattungen sind entscheidende Komponenten, die über Erfolg oder Misserfolg Ihres Dropshipping-Geschäfts entscheiden können.

Indem Sie den Prozess so weit wie möglich automatisieren, können Sie Zeit sparen und das Fehlerrisiko verringern. Die Bestandsverfolgung in Echtzeit hilft Ihnen, Fehlbestände zu vermeiden und die Kundenzufriedenheit aufrechtzuerhalten. Und indem Sie Retouren und Rückerstattungen effizient und fair abwickeln, können Sie einen treuen Kundenstamm aufbauen, der Ihrer Marke vertraut und sie schätzt.

Während Sie Ihr Geschäft weiter ausbauen und verfeinern, sollten Sie stets das Erlebnis Ihrer Kunden im Auge behalten. Zufriedene Kunden sind der Schlüssel zu einem erfolgreichen Dropshipping-Geschäft.

Grundlagen des Kundenservice

In der wettbewerbsintensiven Welt des E-Commerce kann ein exzellenter Kundenservice Ihr Geschäft von der Konkurrenz abheben. Es geht nicht nur um den Verkauf von Produkten; Es geht darum, ein positives Einkaufserlebnis zu schaffen, das Kunden dazu ermutigt, wiederzukommen und Ihr Geschäft weiterzuempfehlen. Hier sind einige Gründe, warum Kundenservice wichtig ist:

1. Kundenbindung: Die Bindung bestehender Kunden ist oft kostengünstiger als die Gewinnung neuer Kunden. Exzellenter Kundenservice hilft bei der Kundenbindung.

2. Ruf: Positive Kundenerlebnisse führen zu positiven Bewertungen und Mundpropaganda, die den Ruf Ihres Shops steigern können.

3. Vertrauen und Loyalität: Ein zuverlässiger Kundenservice schafft Vertrauen und fördert die Kundenbindung, was für den langfristigen Erfolg von entscheidender Bedeutung ist.

Schlüsselelemente des Kundenservice

1. Reaktionsfähigkeit: Eine schnelle Reaktion auf Kundenanfragen und -probleme ist von entscheidender Bedeutung. Kunden schätzen zeitnahe Antworten und Lösungen.

2. Empathie: Wenn Sie die Bedürfnisse und Anliegen Ihrer Kunden verstehen und sich in sie hineinversetzen, zeigen Sie, dass Ihnen deren Erlebnis am Herzen liegt.

3. Konsistenz: Eine gleichbleibende Servicequalität stellt sicher, dass Kunden bei jeder Interaktion mit Ihrem Geschäft wissen, was sie erwartet.

4. Wissen: Wenn Sie über Ihre Produkte und Richtlinien Bescheid wissen, können Sie Ihren Kunden genaue und hilfreiche Informationen bereitstellen.

Bereitstellung eines hervorragenden Kundensupports

Um einen hervorragenden Kundensupport zu bieten, müssen Sie über verschiedene Kanäle erreichbar sein. Hier sind einige häufig genutzte Kundensupportkanäle:

1. E-Mail-Support: Ein wesentlicher Kanal für die Bearbeitung detaillierter Anfragen und Probleme. Stellen Sie sicher, dass Ihr E-Mail-Support schnell und informativ ist.

2. Live-Chat: Bietet Kunden Echtzeitunterstützung, während sie in Ihrem Shop stöbern. Apps wie Tidio oder Zendesk Chat können in Shopify integriert werden.

3. Telefonsupport: Obwohl beim Dropshipping weniger verbreitet, kann telefonischer Support bei komplexeren Problemen eine persönliche Note bieten.

4. Soziale Medien: Viele Kunden bevorzugen die Kontaktaufnahme über Social-Media-Plattformen wie Facebook, Instagram oder Twitter. Stellen Sie sicher, dass Sie diese Kanäle regelmäßig überwachen.

Entwicklung einer Kundensupport-Strategie

Mit einer Strategie stellen Sie sicher, dass Ihr Kundensupport konsistent und effektiv ist. So entwickeln Sie eines:

1. Reaktionszeiten definieren: Legen Sie klare Reaktionszeitziele für jeden Supportkanal fest. Antworten Sie beispielsweise innerhalb von 24 Stunden auf E-Mails und innerhalb von Minuten auf Live-Chat.

2. Erstellen Sie eine Wissensdatenbank: Entwickeln Sie einen umfassenden FAQ-Bereich auf Ihrer Website, damit Kunden schnell Antworten auf häufig gestellte Fragen finden.

3. Trainieren Sie Ihr Team: Wenn Sie ein Team haben, stellen Sie sicher, dass es gut in Ihren Produkten, Richtlinien und Best Practices für den Kundenservice geschult ist.

4. Support-Tools nutzen: Nutzen Sie Tools wie Help Scout, Zendesk oder Freshdesk, um Kundenanfragen zu verwalten und Lösungen zu verfolgen.

Personalisierung von Kundeninteraktionen

Personalisierung kann das Kundenerlebnis deutlich verbessern. So fügen Sie eine persönliche Note hinzu:

1. Kundennamen verwenden: Sprechen Sie Kunden in der Kommunikation mit ihrem Namen an.

2. Maßgeschneiderte Antworten: Passen Sie Ihre Antworten basierend auf dem Anfrageverlauf und den Präferenzen des Kunden an.

3. Nachbereitung: Nachdem Sie ein Problem gelöst haben, führen Sie eine Nachverfolgung durch, um sicherzustellen, dass der Kunde mit der Lösung zufrieden ist.

Bearbeitung von Kundenanfragen und Beschwerden

Effektive Kommunikation ist der Schlüssel zur Bearbeitung von Kundenanfragen und Beschwerden. Hier sind einige Tipps:

1. Aktiv zuhören: Achten Sie darauf, was der Kunde sagt, ohne ihn zu unterbrechen. Dies zeigt Respekt und hilft Ihnen, ihr Problem vollständig zu verstehen.

2. Seien Sie klar und prägnant: Geben Sie klare, prägnante und ehrliche Antworten. Vermeiden Sie Fachjargon und formulieren Sie Ihre Erklärungen einfach.

3. Bleiben Sie professionell: Behalten Sie einen professionellen Ton bei, auch wenn der Kunde verärgert ist. Dies trägt zur Deeskalation der Situation bei.

Bearbeitung von Anfragen

Wenn sich ein Kunde mit einer Frage oder einem Anliegen an Sie wendet, besteht Ihr Ziel darin, diese effizient und zufriedenstellend zu lösen. Hier ist eine Schritt-für-Schritt-Anleitung:

1. Bestätigen Sie die Anfrage: Teilen Sie dem Kunden mit, dass Sie seine Anfrage erhalten haben und diese prüfen.

2. Informationen sammeln: Stellen Sie relevante Fragen, um alle notwendigen Informationen zu sammeln, um das Problem zu verstehen und zu lösen.

3. Bieten Sie eine Lösung: Bieten Sie eine klare und umsetzbare Lösung. Wenn das Problem nicht sofort gelöst werden kann, erläutern Sie die Schritte, die Sie unternehmen werden, und geben Sie einen Zeitplan an.

4. Lösung bestätigen: Sobald das Problem gelöst ist, bestätigen Sie gemeinsam mit dem Kunden, dass er mit dem Ergebnis zufrieden ist.

Mit Beschwerden umgehen

Der effektive Umgang mit Beschwerden kann eine negative Erfahrung in eine positive verwandeln. Hier ist wie:

1. Bestätigen Sie die Beschwerde: Zeigen Sie Empathie und nehmen Sie die Gefühle des Kunden wahr. Ein einfaches „Ich verstehe, wie frustrierend das für Sie sein muss" kann viel bewirken.

2. Entschuldigen Sie sich aufrichtig: Entschuldigen Sie sich aufrichtig für etwaige Probleme.

3. Finden Sie eine Lösung: Arbeiten Sie mit dem Kunden zusammen, um eine zufriedenstellende Lösung zu finden. Dies kann das Anbieten einer Rückerstattung, eines Ersatzes oder eines Rabatts beinhalten.

4. Nachverfolgung: Nachdem Sie die Beschwerde gelöst haben, führen Sie eine Nachverfolgung durch, um sicherzustellen, dass der Kunde mit der Lösung zufrieden ist und um zu zeigen, dass Sie sein Geschäft wertschätzen.

Häufige Kundenanfragen und wie man darauf reagiert

1. Produktinformationen: Kunden haben häufig Fragen zu Produktdetails. Stellen Sie sicher, dass Sie über umfassende Kenntnisse Ihrer Produkte verfügen und klare und genaue Informationen bereitstellen.

2. Bestellstatus: Bieten Sie Ihren Kunden Echtzeit-Updates zu ihrem Bestellstatus. Die Verwendung von Apps, die automatische Updates senden, kann hilfreich sein.

3. Versandprobleme: Beheben Sie etwaige Lieferverzögerungen oder -probleme umgehend. Arbeiten Sie mit Ihrem Lieferanten zusammen, um das Problem zu lösen und den Kunden auf dem Laufenden zu halten.

4. Rückgabe und Rückerstattung: Kommunizieren Sie Ihre Rückgabe- und Rückerstattungsrichtlinien klar und deutlich und stellen Sie sicher, dass der Prozess unkompliziert und fair ist.

Aufbau langfristiger Kundenbeziehungen

Der Aufbau langfristiger Beziehungen zu Ihren Kunden ist für nachhaltigen Erfolg unerlässlich. Treue Kunden kaufen mit größerer Wahrscheinlichkeit wiederholt ein, empfehlen Ihren Shop weiter und hinterlassen positive Bewertungen. So pflegen Sie diese Beziehungen:

Bereitstellung außergewöhnlicher Kundenerlebnisse:

Durch die Schaffung unvergesslicher und positiver Erlebnisse können Einmalkäufer zu treuen Kunden werden. Hier sind einige Strategien:

1. Erwartungen übertreffen: Gehen Sie über die Erwartungen des Kunden hinaus. Dies kann so einfach sein wie ein handgeschriebener Dankesbrief oder ein kleines Gratisgeschenk bei der Bestellung.

2. Gleichbleibende Qualität: Stellen Sie sicher, dass die Qualität Ihrer Produkte und Dienstleistungen gleichbleibend hoch ist.

3. Persönliche Note: Personalisieren Sie Interaktionen und geben Sie Ihren Kunden das Gefühl, wertgeschätzt und geschätzt zu werden.

Vertrauen und Glaubwürdigkeit aufbauen:

Vertrauen ist die Grundlage jeder langfristigen Beziehung. So bauen Sie es auf:

1. Seien Sie transparent: Seien Sie ehrlich und transparent in Bezug auf Ihre Produkte, Richtlinien und alle auftretenden Probleme.

2. Versprechen einhalten: Halten Sie immer, was Sie versprechen, sei es Produktqualität, Lieferzeiten oder Kundensupport.

3. Showcase-Rezensionen und Erfahrungsberichte: Positive Bewertungen und Erfahrungsberichte können Glaubwürdigkeit und Vertrauen bei potenziellen Kunden aufbauen.

Mit Kunden in Kontakt treten:

Regelmäßige Interaktion mit Ihren Kunden sorgt dafür, dass Ihr Geschäft in Erinnerung bleibt und fördert das Gemeinschaftsgefühl. So engagieren Sie sich effektiv:

1. Soziale Medien: Nutzen Sie Social-Media-Plattformen, um mit Ihren Kunden zu interagieren, Updates auszutauschen und neue Produkte vorzustellen.

2. E-Mail-Marketing: Versenden Sie regelmäßig Newsletter mit Updates, Werbeaktionen und personalisierten Empfehlungen.

3. Kundenfeedback: Ermutigen Sie Kunden und reagieren Sie auf ihr Feedback, um zu zeigen, dass Sie ihre Meinung wertschätzen und sich für Verbesserungen einsetzen.

Treueprogramme:

Treueprogramme belohnen Ihre Stammkunden und ermutigen sie, immer wiederzukommen. So richten Sie ein effektives Treueprogramm ein:

1. Punktesystem: Implementieren Sie ein punktebasiertes System, bei dem Kunden Punkte für Einkäufe, Bewertungen oder Empfehlungen sammeln, die gegen Rabatte oder kostenlose Produkte eingelöst werden können.

2. Gestaffelte Belohnungen: Erstellen Sie verschiedene Prämienstufen basierend auf der Höhe der Kundenausgaben. Höhere Stufen können exklusive Rabatte, frühen Zugang zu neuen Produkten oder besondere Geschenke anbieten.

3. Sonderangebote: Bieten Sie Mitgliedern des Treueprogramms exklusive Angebote und Rabatte.

Umgang mit langfristigen Beziehungen

Die Aufrechterhaltung langfristiger Beziehungen erfordert kontinuierliche Anstrengungen. Hier sind einige Tipps:

1. Bleiben Sie in Kontakt: Kontaktieren Sie Ihre Kunden regelmäßig per E-Mail oder über soziale Medien, um die Beziehung aufrechtzuerhalten.

2. Meilensteine feiern: Erkennen und feiern Sie Meilensteine Ihrer Kunden, wie zum Beispiel den Jahrestag ihres ersten Kaufs oder ihren Geburtstag, mit Sonderangeboten oder Nachrichten.

3. Kontinuierliche Verbesserung: Holen Sie kontinuierlich Feedback ein und nehmen Sie basierend auf Kundeneingaben Verbesserungen an Ihren Produkten und Dienstleistungen vor.

Abschließende Gedanken

Die effektive Verwaltung Ihres Shopify-Shops umfasst mehr als nur das Auflisten von Produkten und die Bearbeitung von Bestellungen. Ein exzellenter Kundenservice, die effiziente Bearbeitung von Anfragen und Beschwerden sowie der Aufbau langfristiger Beziehungen zu Ihren Kunden sind entscheidende Bestandteile eines erfolgreichen Dropshipping-Geschäfts.

Indem Sie sich auf diese Aspekte konzentrieren, können Sie ein positives Einkaufserlebnis schaffen, das zu Wiederholungskäufen anregt und die Kundenbindung fördert. Denken Sie daran: Zufriedene Kunden sind der Schlüssel zu einem florierenden Dropshipping-Shop. Investieren Sie also in

Ihren Kundenservice, seien Sie reaktionsschnell und einfühlsam und streben Sie stets danach, die Erwartungen Ihrer Kunden zu übertreffen.

KAPITEL FÜNF
Vermarktung Ihres Dropshipping-Shops

Steigern Sie den Traffic in Ihrem Geschäft

Jetzt kommt der entscheidende Teil: Menschen dazu zu bringen, Ihr Geschäft zu besuchen.

Jedes Internetunternehmen ist auf den Datenverkehr angewiesen, um erfolgreich zu sein. Ohne Besucher wird selbst das am besten gestaltete Geschäft mit den erstaunlichsten Produkten Schwierigkeiten haben, Verkäufe zu erzielen. In diesem Kapitel untersuchen wir verschiedene Strategien, um den Traffic in Ihrem Geschäft zu steigern.

Einführung in das digitale Marketing

Digitales Marketing ist Ihre Eintrittskarte, um ein globales Publikum zu erreichen. Jedes Internetunternehmen ist für seinen Betrieb auf Datenverkehr angewiesen. Im Gegensatz zum traditionellen Marketing, das sich auf physische Medien wie Zeitungen und Fernsehwerbung konzentriert, nutzt digitales Marketing Online-Kanäle.

Dadurch können Sie bestimmte Zielgruppen ansprechen, die Leistung verfolgen und Ihre Strategien in Echtzeit anpassen. Digitales Marketing umfasst eine Vielzahl von Kanälen wie soziale Medien, Suchmaschinen, E-Mail-Marketing und mehr. Lassen Sie uns diese aufschlüsseln.

Nutzung sozialer Medien für das Marketing

Social-Media-Plattformen sind geschäftige Knotenpunkte, an denen Millionen von Menschen einen erheblichen Teil ihres Tages verbringen. Durch die Nutzung sozialer Medien können Sie ein großes Publikum erreichen und direkt mit potenziellen Kunden interagieren. So können Sie soziale Medien effektiv für die Vermarktung Ihres Dropshipping-Shops nutzen:

Auswahl der richtigen Plattformen:

Nicht alle Social-Media-Plattformen sind gleich. Jeder hat eine eigene Benutzerbasis und Arten von Inhalten, die gut ankommen. Hier ein kurzer Blick auf einige der beliebtesten Plattformen:

- **Facebook:** Mit über 2,8 Milliarden monatlich aktiven Nutzern ist Facebook eine vielseitige Plattform. Es eignet sich hervorragend zum Schalten von Anzeigen, zum Teilen von Updates und zum Aufbau einer Community über Gruppen.

- **Instagram:** Perfekt für optisch ansprechende Produkte. Instagram eignet sich hervorragend zum Teilen hochwertiger Bilder und kurzer Videos. Die Einkaufsfunktion ermöglicht es Benutzern auch, direkt bei Beiträgen einzukaufen.

- **Twitter:** Ideal für Echtzeit-Updates und die Teilnahme an Gesprächen. Twitter kann nützlich sein, um die Persönlichkeit einer Marke aufzubauen und den Kundenservice zu verwalten.

- **Pinterest:** Ideal für Nischenprodukte, insbesondere in Kategorien wie Mode, Heimdekoration und Heimwerken. Pinterest-Nutzer suchen oft nach Inspiration und Ideen, was es zu einer guten Plattform für die Produktentdeckung macht.

- **Tick Tack:** TikTok ist bei einem jüngeren Publikum beliebt und eignet sich hervorragend für kurze, ansprechende Videoinhalte. Es ist eine leistungsstarke Plattform für virales Marketing.

Ansprechende Inhalte erstellen:

Inhalte sind in den sozialen Medien König. Ihre Beiträge sollten ansprechend, informativ und auf die Interessen Ihres Publikums zugeschnitten sein. Hier sind einige Content-Ideen:

- **Produktpräsentationen:** Heben Sie Ihre Produkte mit hochwertigen Bildern und Videos hervor. Zeigen Sie sie im Einsatz, um potenziellen Kunden eine Vorstellung davon zu geben, wie sie davon profitieren können.

- **Hinter den Kulissen:** Geben Sie einen Einblick in den Prozess hinter Ihrem Unternehmen. Dazu kann gehören, wie Produkte beschafft und verpackt werden oder Geschichten über Ihr Team.

- **Kundenempfehlung:** Teilen Sie Rückmeldungen und Erfahrungsberichte zufriedener Kunden. Benutzergenerierte Inhalte können Vertrauen und Authentizität aufbauen.

- ***Bildungsbeiträge:*** Erstellen Sie Inhalte, die Ihr Publikum über Ihre Produkte oder Ihre Branche informieren. Dies kann in Form von Anleitungen, Ideen oder Branchennachrichten erfolgen.

- ***Interaktiver Inhalt:*** Binden Sie Ihr Publikum mit Umfragen, Quizzen und Frage-und-Antwort-Runden ein. Interaktive Inhalte können das Engagement steigern und ein Gemeinschaftsgefühl aufbauen.

Schaltung von Social-Media-Anzeigen:

Algorithmusänderungen können Ihre Social-Media-Reichweite organisch einschränken.

Um ein breiteres Publikum zu erreichen, sollten Sie die Schaltung bezahlter Anzeigen in Betracht ziehen. Die meisten Plattformen bieten leistungsstarke Werbetools mit detaillierten Targeting-Optionen. Hier ein kurzer Überblick:

- ***Facebook-Werbung:*** Sie können Benutzer anhand von Demografie, Interessen, Verhalten und sogar ähnlichen Zielgruppen ansprechen. Mit dem Facebook Ads Manager können Sie verschiedene Anzeigenformate erstellen, darunter Image-Anzeigen, Video-Anzeigen, Karussell-Anzeigen und mehr.

- ***Instagram-Anzeigen:*** Über den Facebook Ads Manager verwaltet, können Instagram-Anzeigen sehr effektiv sein. Um Aufmerksamkeit zu erregen, verwenden Sie auffällige Bilder und überzeugende Texte.

- **Twitter-Anzeigen:** Mit gesponserten Tweets können Sie ein größeres Publikum erreichen. Twitter-Anzeigen eignen sich hervorragend, um aktuelle Angebote zu bewerben und Gespräche zu führen.

- **Pinterest-Anzeigen:** Beworbene Pins fügen sich nahtlos in organische Inhalte ein. Sie eignen sich ideal für optisch ansprechende Produkte und können den Traffic direkt in Ihr Geschäft lenken.

- **TikTok-Anzeigen:** Mit der Anzeigenplattform von TikTok können Sie ansprechende Videoanzeigen erstellen. Dank des TikTok-Algorithmus können selbst kleine Unternehmen mit den richtigen Inhalten viral gehen.

Suchmaschinenoptimierung (SEO)

Unter SEO versteht man die Optimierung Ihres Online-Shops, um auf den Ergebnisseiten (SERPs) von Suchmaschinen einen höheren Rang zu erreichen. Höhere Rankings bedeuten mehr Sichtbarkeit und letztlich mehr Traffic. So können Sie Ihren Shopify-Shop für SEO optimieren:

Stichwortforschung:

Schlüsselwörter sind die Begriffe und Phrasen, die Benutzer in Suchmaschinen eingeben. Die Identifizierung der richtigen Keywords ist die Grundlage Ihrer SEO-Strategie. So geht's:

- **Brainstorming:** Überlegen Sie, welche Wörter und Ausdrücke Ihre Zielgruppe verwenden könnte, um Ihre Produkte zu finden. Berücksichtigen Sie die spezifischen

Begriffe, die Ihre Produkte, ihre Vorteile und Verwendungsmöglichkeiten beschreiben.

- **Verwenden Sie Tools:** Tools wie Google Keyword Planner, Ahrefs und SEMrush können Ihnen dabei helfen, relevante Keywords zu finden und deren Suchvolumen und Konkurrenz einzuschätzen.

- **Wettbewerbsanalyse:** Analysieren Sie Ihre Konkurrenz, indem Sie nach den Schlüsselwörtern suchen, für die sie ranken.

Tools wie Ahrefs und SEMrush können Einblicke in die leistungsstärksten Keywords Ihrer Konkurrenten liefern.

On-Page-SEO:

Unter On-Page-SEO versteht man die Optimierung einzelner Seiten Ihrer Website, um in Suchmaschinen einen höheren Rang zu erreichen.

Hier sind einige wichtige Punkte, die Sie beachten sollten:

- **Titel-Tags:** Ihr Hauptschlüsselwort sollte auf jeder Seite in einem eindeutigen, beschreibenden Titel-Tag erscheinen. Um sicherzustellen, dass es in den Suchergebnissen richtig angezeigt wird, beschränken Sie es auf weniger als 60 Zeichen.

- **Meta-Beschreibungen:** Meta-Beschreibungen sind kurze Zusammenfassungen, die in den Suchergebnissen unter Ihrem Titel-Tag angezeigt werden. Sie sollten überzeugend sein und Ihr primäres Schlüsselwort enthalten. Ziel sind 150–160 Zeichen.

- *Überschriften:* Verwenden Sie zum Organisieren Ihrer Inhalte Header-Tags (H1, H2, H3). Ihr primäres Schlüsselwort sollte im H1-Tag erscheinen, bei dem es sich normalerweise um den Titel der Seite handelt.

- *URL-Struktur:* Stellen Sie sicher, dass Ihre URLs beschreibend und kurz sind. Geben Sie Ihr primäres Schlüsselwort an und vermeiden Sie unnötige Zahlen und Zeichen.

- *Alt-Text für Bilder:* Suchmaschinen können Bilder nicht „sehen", also verwenden Sie Alternativtext, um sie zu beschreiben. Fügen Sie gegebenenfalls relevante Schlüsselwörter ein.

Inhaltsvermarktung:

Durch die Erstellung hochwertiger, relevanter Inhalte können Sie Ihre SEO-Bemühungen steigern. So gehen Sie Content-Marketing für Ihren Shopify-Shop an:

- *Bloggen:* Starten Sie einen Blog in Ihrem Shopify-Shop und veröffentlichen Sie regelmäßig Beiträge zu Ihren Produkten und Ihrer Branche. Blog-Beiträge können auf Long-Tail-Keywords abzielen, häufig gestellte Fragen beantworten und Ihrem Publikum einen Mehrwert bieten.

- *Produktbeschreibung:* Schreiben Sie detaillierte, einzigartige Produktbeschreibungen für jeden Artikel in Ihrem Geschäft. Vermeiden Sie die Verwendung von Herstellerbeschreibungen, da doppelte Informationen Ihrer SEO schaden können.

- *Anleitungen und Tutorials:* Erstellen Sie umfassende Leitfäden und Tutorials, die sich auf Ihre Produkte beziehen. Diese können Backlinks anziehen und Ihren Shop als Autorität in Ihrer Nische etablieren.

Technisches SEO:

Beim technischen SEO geht es darum, die Infrastruktur Ihrer Website so zu optimieren, dass sie von Suchmaschinen problemlos gecrawlt und indiziert werden kann. Hier sind einige kritische Bereiche, auf die Sie sich konzentrieren sollten:

- *Seitengeschwindigkeit:* Eine schnell ladende Website verbessert die Benutzererfahrung und kann Ihr Ranking verbessern. Nutzen Sie Tools wie Google PageSpeed Insights, um Geschwindigkeitsprobleme zu erkennen und zu beheben.

- *Mobilfreundlichkeit:* Google verwendet die Mobile-First-Indexierung. Stellen Sie daher sicher, dass Ihre Website für Mobilgeräte geeignet ist. Shopify-Themes sind im Allgemeinen responsiv, es ist jedoch wichtig, Ihre Website auf verschiedenen Geräten zu testen.

-*Seitenverzeichnis:* Erstellen Sie eine Sitemap und übermitteln Sie sie an die Suchmaschinen. Shopify generiert automatisch eine Sitemap für Ihren Shop, die Sie über die Google Search Console einreichen können.

-*SSL-Zertifikat:* Verwenden Sie ein SSL-Zertifikat, um Ihre Website zu schützen. HTTPS ist ein Rankingfaktor und gibt Besuchern die Gewissheit, dass ihre Daten sicher sind.

Traffic steigern mit E-Mail-Marketing

E-Mail-Marketing ist immer noch eine der effektivsten Strategien, um Traffic und Käufe zu steigern.

Durch den Aufbau einer E-Mail-Liste können Sie potenzielle und bestehende Kunden direkt erreichen. So erstellen und führen Sie eine erfolgreiche E-Mail-Marketingstrategie durch:

Erstellen Sie Ihre E-Mail-Liste:

- **Opt-In-Formulare:** Platzieren Sie Opt-in-Formulare strategisch auf Ihrer Website, z. B. auf der Startseite, auf Produktseiten und in Blogbeiträgen. Bieten Sie einen Anreiz, wie einen Rabatt oder eine kostenlose Ressource, um Anmeldungen zu fördern.

-**Popups:** Verwenden Sie Exit-Intent-Popups, um Benutzer zu erfassen, die Ihre Website verlassen möchten. Diese können einen Rabatt anbieten oder sie daran erinnern, sich für Ihren Newsletter anzumelden.

- **Bleimagnete:** Bieten Sie im Austausch gegen E-Mail-Adressen wertvolle Inhalte wie E-Books, Leitfäden oder exklusiven Zugang.

Verfassen ansprechender E-Mails:

- **Willkommensserie:** Richten Sie eine Reihe von Willkommens-E-Mails ein, um neuen Abonnenten Ihre Marke vorzustellen. Teilen Sie Ihre Geschichte, heben Sie beliebte

Produkte hervor und bieten Sie einen Rabatt an, um den Erstkauf zu fördern.

- **Newsletter:** Um Ihr Publikum zu fesseln, versenden Sie regelmäßig Newsletter.

Fügen Sie Updates, neue Produktankündigungen und exklusive Angebote hinzu.

- **Werbe-E-Mails:** Führen Sie gezielte E-Mail-Kampagnen für Sonderangebote, Feiertage oder besondere Ereignisse durch. Schaffen Sie mit zeitlich begrenzten Angeboten und klaren Handlungsaufforderungen ein Gefühl der Dringlichkeit.

Segmentierung Ihrer Zielgruppe:

Durch die Segmentierung können Sie personalisiertere und relevantere E-Mails versenden. Teilen Sie Ihre E-Mail-Liste basierend auf Faktoren wie Kaufhistorie, Verhalten und Demografie in Segmente ein. Zum Beispiel:

- **Neue Kunden:** Senden Sie eine Reihe von Onboarding-E-Mails mit Tipps zur Verwendung der gekauften Produkte.

- **Loyale Kunden:** Belohnen Sie Stammkunden mit exklusiven Rabatten und frühzeitigem Zugang zu neuen Produkten.

- **Inaktive Kunden:** Gewinnen Sie inaktive Kunden mit Re-Engagement-Kampagnen mit besonderen Anreizen zurück.

Analysieren und optimieren

Analysieren Sie regelmäßig die Leistung Ihrer E-Mail-Kampagne, um zu verstehen, was funktioniert und was nicht. Zu den wichtigsten zu verfolgenden Kennzahlen gehören:

- *Öffnungsraten:* Öffnungsrate: Der Prozentsatz der Empfänger, die Ihre E-Mail lesen. Durch die Gestaltung ansprechender Betreffzeilen können die Öffnungsraten erheblich gesteigert werden.

- *Click-Through-Raten (CTR):* Der Prozentsatz der Empfänger, die auf Links in Ihrer E-Mail klicken. Erhöhen Sie die CTR, indem Sie sicherstellen, dass Ihre E-Mails optisch ansprechend sind und klare, überzeugende Handlungsaufforderungen enthalten.

- *Umrechnungskurse:* Der Prozentsatz der Empfänger, die die gewünschte Aktion ausführen, z. B. einen Kauf. Verbessern Sie die Konversionsraten, indem Sie sicherstellen, dass Ihre Zielseiten optimiert und für den E-Mail-Inhalt relevant sind.

- *Absprungrate:* Dies ist der Prozentsatz der E-Mails, die nicht gesendet werden konnten. Sorgen Sie für eine saubere E-Mail-Liste, indem Sie häufig ungültige Adressen entfernen.

Effektive Werbestrategien

Google-Anzeigen:

Mit Google Ads können Sie Ihre Anzeigen in den Suchergebnissen von Google und im gesamten Partnernetzwerk schalten. So fangen Sie an:

- **Stichwortforschung:** Verwenden Sie den Keyword-Planer von Google, um relevante Keywords für Ihre Produkte zu identifizieren. Konzentrieren Sie sich auf Keywords mit hohem Suchvolumen und minimaler Konkurrenz.

- **Anzeigen erstellen:** Verfassen Sie überzeugende Anzeigentexte, die die Vorteile Ihrer Produkte hervorheben. Fügen Sie einen starken Aufruf zum Handeln hinzu.

- **Targeting:** Nutzen Sie präzise Targeting-Möglichkeiten, um Ihre Wunschkunden zu erreichen. Sie können Ihre Zielgruppe anhand von Demografie, Standort und Interessen ansprechen.

- **Retargeting:** Richten Sie Retargeting-Kampagnen ein, um Nutzer zu erreichen, die Ihre Website besucht, aber keinen Kauf getätigt haben. Retargeting-Anzeigen können sie an Ihre Produkte erinnern und sie zum Wiederkommen animieren.

Facebook- und Instagram-Anzeigen:

Die Werbeplattformen von Facebook und Instagram bieten robuste Targeting-Optionen und eine Vielzahl von Werbeformaten. So machen Sie das Beste daraus:

- **Zielgruppenansprache:** Analysieren Sie Ihre Zielgruppe nach demografischen Merkmalen, Interessen und Verhaltensweisen. Nutzen Sie Lookalike Audiences, um neue potenzielle Kunden zu erreichen, die Ihren bestehenden ähneln.

- **Anzeigenformate:** Experimentieren Sie mit verschiedenen Anzeigenformen wie Bildanzeigen, Videoanzeigen, Karussells und Sammelanzeigen. Testen Sie, welche Formate bei Ihrer Zielgruppe am effektivsten sind.

- **Kreativer Inhalt:** Erstellen Sie optisch ansprechende und ansprechende Anzeigenmotive. Hochwertige Fotos und Videos können Aufmerksamkeit erregen und Klicks generieren.

- **A/B-Tests:** Führen Sie A/B-Tests durch, um verschiedene Anzeigenvarianten zu bewerten. Testen Sie verschiedene Schlagzeilen, Bilder und Handlungsaufforderungen, um herauszufinden, was am besten funktioniert.

Pinterest-Anzeigen:

Pinterest Ads können besonders für Nischenprodukte effektiv sein. So fangen Sie an:

- **Gesponserte Pins:** Erstellen Sie beworbene Pins, die sich nahtlos in organische Inhalte einfügen. Stellen Sie sicher, dass Ihre Pins optisch ansprechend sind und einen klaren Aufruf zum Handeln enthalten.

- **Targeting:** Nutzen Sie die Targeting-Optionen von Pinterest, um Benutzer basierend auf Interessen, demografischen Merkmalen und Suchbegriffen zu erreichen.

- **Optik:** Konzentrieren Sie sich auf hochwertige Bilder, die Ihre Produkte präsentieren. Pinterest ist eine visuelle Plattform, daher sind attraktive Bilder unerlässlich.

- **Tracking-Leistung:** Überwachen Sie die Leistung Ihrer Anzeigen mit den Analysetools von Pinterest. Verfolgen Sie

Kennzahlen wie Klicks, Speicherungen und Conversions, um Ihre Kampagnen zu optimieren.

Partnerschaft mit Affiliate-Vermarktern:

Beim Affiliate-Marketing geht es darum, mit Einzelpersonen oder anderen Unternehmen zusammenzuarbeiten, die Ihre Produkte gegen eine Verkaufsprovision bewerben. So bauen Sie ein erfolgreiches Partnerprogramm auf:

Einrichten eines Partnerprogramms

- *Wählen Sie eine Plattform:* Nutzen Sie Affiliate-Marketing-Plattformen wie ShareASale, CJ Affiliate oder Shopifys eigene Affiliate-Apps, um Ihr Programm zu verwalten.

- *Kommissionsstruktur:* Legen Sie einen wettbewerbsfähigen Provisionssatz fest, der Partner dazu anregt, für Ihre Produkte zu werben. Die üblichen Preise liegen zwischen 5 % und 20 % pro Verkauf.

- *Affiliate-Ressourcen:* Stellen Sie Ihren Partnern Ressourcen wie Banner, Produktbilder und Werbetexte zur Verfügung. Dies erleichtert ihnen die effiziente Vermarktung Ihrer Produkte.

- *Sendungsverfolgung und Zahlung:* Stellen Sie sicher, dass Sie über ein zuverlässiges System zur Verfolgung von Affiliate-Verkäufen und zur Zahlung von Provisionen verfügen. Die meisten Affiliate-Plattformen erledigen dies für Sie.

Rekrutierung von Partnern:

- **Bestehende Kunden:** Erreichen Sie Ihre bestehenden Kunden und bieten Sie ihnen die Möglichkeit, an Ihrem Partnerprogramm teilzunehmen. Zufriedene Kunden können begeisterte Promoter sein.

- **Blogger und Influencer:** Identifizieren Sie Blogger und Influencer in Ihrer Nische und laden Sie sie ein, an Ihrem Programm teilzunehmen. Ihre etablierten Zielgruppen können erheblichen Traffic in Ihr Geschäft lenken.

- **Affiliate-Netzwerke:** Treten Sie einem Affiliate-Netzwerk bei, um mit potenziellen Affiliates in Kontakt zu treten. Diese Netzwerke können Ihnen dabei helfen, Partner zu finden, die bereits Erfahrung in der Werbung für ähnliche Produkte haben.

Verwalten und optimieren:

- **Kommunikation:** Pflegen Sie eine regelmäßige Kommunikation mit Ihren Partnern. Stellen Sie ihnen Updates, neue Produktinformationen und Werbemöglichkeiten zur Verfügung.

- **Leistungsanalyse:** Verfolgen Sie die Leistung Ihrer Partner und identifizieren Sie die Top-Performer. Konzentrieren Sie sich darauf, diese Beziehungen zu pflegen und zusätzliche Unterstützung bereitzustellen.

- **Anreize:** Bieten Sie Boni und Anreize für leistungsstarke Partner. Dies kann sie dazu motivieren, Ihre Produkte noch aggressiver zu bewerben.

Eine Gemeinschaft aufbauen

Der Aufbau einer Community rund um Ihre Marke kann den Traffic steigern und die Loyalität stärken. So bauen und entwickeln Sie eine Community:

Interaktion mit Ihrem Publikum:

- **Sozialen Medien:** Nutzen Sie soziale Medien, um regelmäßig mit Ihrem Publikum in Kontakt zu treten. Antworten Sie auf Kommentare, stellen Sie Fragen und fördern Sie benutzergenerierte Inhalte.

- **Nutzergenerierte Inhalte:** Fordern Sie Bilder und Produktbewertungen von Ihren Verbrauchern an. Präsentieren Sie ihre Inhalte in Ihren sozialen Medien und auf Ihrer Website.

- **Online-Foren und Gruppen:** Treten Sie Online-Foren und Gruppen mit Bezug zu Ihrer Nische bei und beteiligen Sie sich daran. Binden Sie potenzielle Kunden in ein Gespräch ein und stellen Sie aufschlussreiche Informationen bereit.

Ausrichtung von Veranstaltungen:

-**Webinare und Live-Streaming:** Nutzen Sie Webinare und Livestreams, um in Echtzeit mit Ihrem Publikum zu interagieren. Teilen Sie wertvolle Informationen, beantworten Sie Fragen und bewerben Sie Ihre Produkte.

- **Wettbewerbe und Giveaways:** Veranstalten Sie Wettbewerbe und Werbegeschenke, um Begeisterung und Engagement zu wecken. Ermutigen Sie die Teilnehmer, Ihre Inhalte zu teilen, um die Sichtbarkeit zu erhöhen.

Content-Marketing nutzen:

Beim Content-Marketing geht es darum, nützliche Informationen zu erstellen und zu teilen, um Ihre Zielgruppe anzulocken und einzubinden. So nutzen Sie Content Marketing erfolgreich:

Bloggen:

- **Regelmäßige Beiträge:** Veröffentlichen Sie regelmäßig Blogbeiträge zu Ihren Produkten und Ihrer Branche. Streben Sie mindestens einen Beitrag pro Woche an, um Ihre Inhalte aktuell und relevant zu halten.

- **SEO-Optimierung:** Optimieren Sie Ihre Blog-Beiträge für SEO, indem Sie relevante Schlüsselwörter, interne Links und ansprechende Meta-Beschreibungen einbinden.

- **Gastbeiträge:** Laden Sie Branchenexperten ein, Gastbeiträge zu Ihrem Blog beizutragen. Dies kann neue Perspektiven eröffnen und ihre Follower auf Ihre Website locken.

Videomarketing:

- ***Produktvideos:*** Erstellen Sie hochwertige Videos zur Präsentation Ihrer Produkte. Heben Sie ihre Funktionen, Vorteile und Anwendungsfälle hervor.

- ***Tutorials und How-Tos:*** Erstellen Sie Tutorial-Videos, die Kunden zeigen, wie sie Ihre Produkte verwenden. Diese können besonders bei komplexen oder einzigartigen Artikeln effektiv sein.

- ***Hinter den Kulissen:*** Teilen Sie Videos hinter den Kulissen, um Ihrem Publikum einen Einblick in Ihr Unternehmen zu geben. Dies kann Ihre Marke humanisieren und Vertrauen aufbauen.

Google Ads und Shopping-Kampagnen

Google Ads bietet eine weitere leistungsstarke Plattform, um den Traffic zu Ihrem Dropshipping-Shop zu steigern. Mit Google Ads können Sie Nutzer ansprechen, die aktiv nach Produkten wie Ihrem suchen, was es zu einer äußerst effektiven Werbemethode macht.

Google Ads verstehen

Google Ads verwendet einen Pay-per-Click-Ansatz (PPC), was bedeutet, dass Sie jedes Mal zahlen, wenn jemand auf Ihre Anzeige klickt.

Hier sind die wichtigsten Arten von Google Ads, die Sie verwenden können:

- **Suchanzeigen:** Textanzeigen, die oben in den Google-Suchergebnissen erscheinen, wenn Nutzer nach bestimmten Schlüsselwörtern suchen.

- *Zeige Werbung an:* Display-Anzeigen sind Bild- oder Videoanzeigen, die auf Websites im Display-Netzwerk von Google geschaltet werden.

- *Shopping-Anzeigen:* Produktbasierte Anzeigen, die mit Bildern, Preisen und Produktdetails oben in den Google-Suchergebnissen erscheinen.

- *Videoanzeigen:* Anzeigen, die auf YouTube und anderen Videopartnerseiten erscheinen.

Einrichten Ihrer Google Ads-Kampagne

Um mit Google Ads zu beginnen, befolgen Sie diese Schritte:

1. Erstellen Sie ein Google Ads-Konto: Melden Sie sich für ein Google Ads-Konto an und richten Sie Ihre Zahlungsinformationen ein.

2. Installieren Sie das Conversion-Tracking von Google Ads: Fügen Sie Ihrem Shopify-Shop einen Code hinzu, um Conversions zu verfolgen und den Erfolg Ihrer Anzeigen zu messen.

3. Keyword-Recherche: Verwenden Sie Tools wie den Google Keyword Planner, um relevante Schlüsselwörter für Ihre

Produkte zu finden. Konzentrieren Sie sich auf Keywords mit hohem Suchvolumen und minimaler Konkurrenz.

Erstellen effektiver Suchanzeigen

Suchanzeigen sind textbasiert und erscheinen, wenn Nutzer nach bestimmten Schlüsselwörtern suchen. So erstellen Sie effektive Suchanzeigen:

- *Überschrift:* Schreiben Sie eine überzeugende Überschrift, die Ihr Hauptschlüsselwort enthält und Aufmerksamkeit erregt.

- *Beschreibung:* Geben Sie eine kurze Beschreibung Ihres Produkts ein und fügen Sie einen Call-to-Action hinzu.

- *URL:* Stellen Sie sicher, dass die URL für die Anzeige relevant ist und Benutzer zu einer bestimmten Zielseite führt.

- *Anzeigenerweiterungen:* Verwenden Sie Anzeigenerweiterungen, um zusätzliche Informationen wie Website-Links, Anrufschaltflächen und Rezensionen einzubinden.

Einrichten von Einkaufskampagnen

Shopping-Anzeigen sind besonders effektiv für Dropshipping-Shops, da sie Ihre Produkte direkt in den Suchergebnissen präsentieren. So richten Sie Shopping-Kampagnen ein:

1. Erstellen Sie ein Merchant Center-Konto: Melden Sie sich beim Google Merchant Center an und verknüpfen Sie es mit Ihrem Google Ads-Konto.

2. Produkt-Feed hochladen: Erstellen Sie einen Produkt-Feed mit detaillierten Informationen zu Ihren Produkten, einschließlich Titeln, Beschreibungen, Preisen und Bildern, und laden Sie ihn hoch.

3. Shopping-Kampagne erstellen: Erstellen Sie in Google Ads eine neue Shopping-Kampagne und wählen Sie die Produkte aus, für die Sie werben möchten.

4. Produktlisten optimieren: Stellen Sie sicher, dass Ihre Produkttitel und -beschreibungen mit relevanten Schlüsselwörtern optimiert sind, um die Sichtbarkeit zu verbessern.

Budgetierung und Ausschreibung

Wie bei Facebook- und Instagram-Anzeigen ist auch bei Ihren Google Ads-Kampagnen die Festlegung eines Budgets und die Wahl der richtigen Gebotsstrategie von entscheidender Bedeutung:

- Tägliches Budget: Legen Sie ein Tagesbudget für Ihre Kampagnen fest, um Ihre Ausgaben zu kontrollieren.

- Gebotsstrategie: Wählen Sie eine Gebotsstrategie, die mit Ihren Kampagnenzielen übereinstimmt, z. B. Ziel-Cost-per-Action (tCPA), Ziel-Return on Advertising Spend (tROAS) oder Klicks maximieren.

Analysieren und optimieren

Überwachen Sie regelmäßig die Leistung Ihrer Google Ads und nehmen Sie Anpassungen vor, um die Ergebnisse zu verbessern:

- ***Impressionen und Klicks:*** Verfolgen Sie, wie oft Ihre Anzeigen angezeigt und angeklickt wurden.

- ***Wechselkurs:*** Messen Sie den Prozentsatz der Klicks, die zu einem Kauf oder einer anderen gewünschten Aktion führten.

- ***Qualitätsfaktor:*** Google weist jedem Keyword einen Qualitätsfaktor zu, der auf der Relevanz Ihrer Anzeigen und Zielseiten basiert. Ein höherer Qualitätsfaktor könnte zu geringeren Kosten und einer besseren Anzeigenplatzierung führen.

- ***Kosten pro Klick (CPC):*** Überwachen Sie Ihren durchschnittlichen CPC, um sicherzustellen, dass Sie nicht zu viel für Klicks ausgeben.

Influencer-Marketing

Beim Influencer-Marketing geht es darum, mit Menschen zusammenzuarbeiten, die in den sozialen Medien eine große und engagierte Fangemeinde haben. Indem Sie ihren Einfluss nutzen, können Sie ein größeres Publikum erreichen und das Vertrauen potenzieller Verbraucher gewinnen.

Die richtigen Influencer finden

Die Auswahl der richtigen Influencer ist entscheidend für den Erfolg Ihrer Influencer-Marketingkampagnen. So finden Sie die richtigen Influencer:

- **Relevanz:** Suchen Sie nach Influencern, die Inhalte erstellen, die sich auf Ihre Nische beziehen. Ihr Publikum sollte an Ihren Produkten interessiert sein.

- **Engagement:** Analysieren Sie die Engagement-Raten potenzieller Influencer. Hohes Engagement bedeutet, dass das Publikum aktiv und reaktionsschnell ist.

- **Authentizität:** Wählen Sie Influencer, die die Werte Ihrer Marke teilen und Ihre Produkte ehrlich bewerben können.

Arten von Influencer-Kooperationen

Es gibt mehrere Möglichkeiten, mit Influencern zusammenzuarbeiten, um für Ihren Dropshipping-Shop zu werben:

- **Produktrezensionen:** Senden Sie Influencern Ihre Produkte, damit sie ihre ehrlichen Meinungen bewerten und mit ihren Followern teilen können.

- **Gesponserte Beiträge:** Bezahlen Sie Influencer dafür, Inhalte zu Ihren Produkten zu erstellen und zu teilen. Stellen Sie sicher, dass der Inhalt zu ihrem Stil passt und bei ihrem Publikum Anklang findet.

- **Werbegeschenke:** Arbeiten Sie mit Influencern zusammen, um Werbegeschenke zu veranstalten. Dies kann Begeisterung wecken und die Bekanntheit Ihrer Marke steigern.

- **Affiliate-Marketing:** Richten Sie ein Partnerprogramm ein, bei dem Influencer eine Provision für jeden Verkauf erhalten, den sie in Ihrem Geschäft tätigen. Dies gibt ihnen einen Anreiz, Ihre Produkte aktiv zu vermarkten.

Aufbau von Beziehungen zu Influencern

Der Aufbau starker Beziehungen zu Influencern kann zu erfolgreicheren und längerfristigen Partnerschaften führen:

- **Personalisierte Kontaktaufnahme:** Wenn Sie Influencer kontaktieren, personalisieren Sie Ihre Botschaft und erklären Sie, warum sie Ihrer Meinung nach gut zu Ihrer Marke passen würden.

- **Mehrwert bieten:** Bieten Sie Influencern etwas Wertvolles, wie zum Beispiel kostenlose Produkte, exklusive Rabatte oder eine finanzielle Entschädigung.

- **Kommunikation:** Pflegen Sie eine offene und regelmäßige Kommunikation mit Ihren Influencern. Halten Sie sie über neue Produkteinführungen, Werbeaktionen und alle relevanten Updates auf dem Laufenden. Dadurch fühlen sie sich stärker mit Ihrer Marke verbunden und können ihre Werbemaßnahmen verstärken.

Den Erfolg von Influencer-Kampagnen messen

Es ist wichtig, die Leistung Ihrer Influencer-Marketingkampagnen zu verfolgen, um deren Wirkung zu verstehen und zukünftige Kooperationen zu optimieren. So messen Sie den Erfolg:

- *Engagement-Kennzahlen:* Überwachen Sie Likes, Kommentare, Shares und andere Formen der Interaktion mit den Beiträgen des Influencers. Eine hohe Interaktion zeigt, dass die Inhalte bei der Zielgruppe gut ankamen.

- *Verkehr und Verkauf:* Verwenden Sie Tracking-Links oder Rabattcodes, um den Traffic und die Verkäufe zu messen, die durch die Werbung des Influencers generiert werden. Dies hilft Ihnen, Ergebnisse direkt ihren Bemühungen zuzuordnen.

- *Return on Investment (ROI):* Berechnen Sie den ROI, indem Sie den durch die Kampagne erzielten Umsatz mit den Kosten der Zusammenarbeit vergleichen. Ein positiver ROI ist ein Indikator für eine erfolgreiche Kampagne.

- *Markenbekanntheit:* Verfolgen Sie Änderungen Ihrer Social-Media-Follower, des Website-Verkehrs und der allgemeinen Markensichtbarkeit. Eine gesteigerte Markenbekanntheit ist ein wesentlicher Vorteil des Influencer-Marketings.

Kombinieren von Strategien für maximale Wirkung

Während jede Werbestrategie ihre Stärken hat, kann die Kombination mehrerer Strategien einen umfassenderen und effektiveren Marketingplan erstellen. So integrieren Sie Facebook- und Instagram-Anzeigen, Google Ads und Influencer-Marketing für maximale Wirkung:

Koordinierte Kampagnen

Führen Sie koordinierte Kampagnen auf verschiedenen Plattformen durch, um eine zusammenhängende Markenbotschaft zu schaffen und die Reichweite zu maximieren. Zum Beispiel:

- ***Pre-Launch-Hype:*** Nutzen Sie Influencer-Marketing, um Vorfreude vor einer Produkteinführung zu wecken. Influencer können das neue Produkt ankündigen und bei ihren Followern für Aufsehen sorgen.

- ***Launch-Day-Push:*** Schalten Sie am Tag der Einführung gezielte Facebook-, Instagram- und Google-Anzeigen, um Traffic und Verkäufe zu steigern. Nutzen Sie die von Influencern erzeugte Dynamik, um die Anzeigenleistung zu steigern.

- ***Retargeting:*** Nutzen Sie Retargeting-Anzeigen auf Facebook, Instagram und Google, um Nutzer zu erreichen, die Ihre Website besucht, aber keinen Kauf getätigt haben. Dadurch bleibt Ihre Marke im Gedächtnis und fördert Conversions.

Konsistentes Branding

Stellen Sie sicher, dass Ihr Branding auf allen Plattformen und Kampagnen konsistent ist. Dazu gehört die Verwendung des exakt gleichen Logos, Farbschemas und Tonfalls. Konsistentes Branding trägt dazu bei, eine zusammenhängende und wiedererkennbare Markenidentität zu schaffen.

Cross-Promotion

Machen Sie Cross-Promotion für Ihre Marketingbemühungen, um deren Wirkung zu maximieren. Zum Beispiel:

- **Social-Media-Shoutouts:** Wenn ein Influencer über Ihr Produkt postet, teilen Sie seine Inhalte auf Ihren eigenen Social-Media-Kanälen. Dies erhöht die Sichtbarkeit und verstärkt die Botschaft.

- **E-Mail Marketing:** Fügen Sie Informationen zu Ihren Social-Media-Anzeigen und Influencer-Kooperationen in Ihre E-Mail-Newsletter ein. Dies kann zu zusätzlichem Traffic und Engagement führen.

- **Blog- und Content-Marketing:** Schreiben Sie Blogbeiträge oder erstellen Sie Videos, die Ihre Influencer-Kooperationen und Werbekampagnen hervorheben. Dadurch erhalten Sie zusätzliche Inhalte für Ihr Publikum und verbessern Ihre gesamte Marketingstrategie.

Abschließende Gedanken zur Vermarktung Ihres Dropshipping-Shops

Die effektive Vermarktung Ihres Dropshipping-Shops erfordert einen vielschichtigen Ansatz. Indem Sie die Leistungsfähigkeit von Facebook- und Instagram-Anzeigen, Google Ads und Shopping-Kampagnen sowie Influencer-Marketing nutzen, können Sie den Traffic steigern, den Umsatz steigern und eine starke Markenpräsenz aufbauen.

Denken Sie daran, dass Marketing ein kontinuierlicher Prozess ist, der kontinuierliche Tests, Analysen und Optimierungen erfordert. Bleiben Sie über die neuesten Trends und Best Practices auf dem Laufenden und scheuen Sie sich nicht, neue Strategien auszuprobieren, um herauszufinden, was für Ihr Geschäft am besten funktioniert.

Handlungsschritte:

1. Richten Sie Ihre Facebook- und Instagram-Anzeigen ein: Erstellen Sie eine Facebook-Unternehmensseite, richten Sie den Facebook-Werbeanzeigenmanager ein und installieren Sie Facebook Pixel in Ihrem Shopify-Shop.

2. Definieren Sie Ihre Zielgruppe: Nutzen Sie die detaillierten Targeting-Optionen von Facebook, um benutzerdefinierte und ähnliche Zielgruppen zu erstellen.

3. Erstellen Sie ansprechende Anzeigeninhalte: Entwerfen Sie hochwertige visuelle Elemente und verfassen Sie überzeugende Anzeigentexte. Experimentieren Sie mit verschiedenen Anzeigenformaten.

4. Starten Sie Ihre Google Ads-Kampagnen: Erstellen Sie ein Google Ads-Konto, führen Sie Keyword-Recherchen durch und richten Sie Such- und Shopping-Kampagnen ein.

5. Influencer finden und mit ihnen zusammenarbeiten: Identifizieren Sie relevante Einflussfaktoren, bauen Sie Beziehungen auf und schaffen Sie für beide Seiten vorteilhafte Kooperationen.

6. Messen und optimieren: Analysieren Sie regelmäßig die Leistung Ihrer Werbekampagnen und Influencer-Partnerschaften. Nehmen Sie datengesteuerte Anpassungen vor, um die Ergebnisse zu verbessern.

Wenn Sie diese Schritte befolgen und die beschriebenen Strategien nutzen, sind Sie auf dem besten Weg, Ihren Dropshipping-Shop erfolgreich zu vermarkten und nachhaltiges Wachstum voranzutreiben.

KAPITEL SECHS
Analyse und Verbesserung der Filialleistung

Die Optimierung Ihres Dropshipping-Shops beginnt damit, dass Sie verstehen, wie er aktuell funktioniert. Man kann nichts reparieren, von dem man nicht weiß, dass es kaputt ist, oder? Beginnen wir direkt mit der Analyse und Verbesserung der Leistung Ihres Shops.

Beurteilung der aktuellen Leistung

Als Erstes müssen Sie sich einen Überblick über den aktuellen Stand Ihres Geschäfts verschaffen. Sehen Sie sich Ihre Verkäufe, Ihren Traffic und Ihr Kundenengagement in den letzten Monaten an. Dies gibt Ihnen eine Basislinie, an der Sie die Verbesserung messen können.

1. Verkaufsdaten: Analysieren Sie Ihre Verkaufsdaten, um zu sehen, welche Produkte sich gut verkaufen und welche nicht. Sehen Sie sich Ihren Umsatz, Ihre Gewinnmargen und Ihr Verkaufsvolumen an. Identifizieren Sie Trends und Muster. Gibt es bestimmte Zeiten im Jahr, in denen die Verkäufe ansteigen? Verkaufen sich manche Produkte zu bestimmten Jahreszeiten besser?

2. Kundendaten: Es ist entscheidend, Ihre Kunden zu verstehen. Wer sind Sie? Woher kommen sie? Was sind ihre

Kaufgewohnheiten? Nutzen Sie die Daten aus Ihrem Shopify-Shop, um Kundenprofile zu erstellen. Dies wird Ihnen helfen, Ihre Marketingbemühungen effektiver anzupassen.

3. Website-Traffic: Untersuchen Sie den Traffic Ihrer Website, um zu verstehen, woher Ihre Besucher kommen. Finden sie Sie über Suchmaschinen, soziale Medien oder persönliche Besuche? Sehen Sie sich die Absprungrate (der Prozentsatz der Besucher, die die Seite verlassen, nachdem sie nur eine Seite angesehen haben) und die durchschnittliche Verweildauer auf Ihrer Website an. Diese Kennzahlen geben Ihnen eine Vorstellung davon, wie ansprechend Ihre Website ist.

4. Conversion-Raten: Dies ist der Prozentsatz der Besucher, die einen Kauf tätigen. Eine niedrige Conversion-Rate weist darauf hin, dass Sie zwar Traffic generieren, Besucher aber nicht zum Kauf bewegen. Wenn Sie dies analysieren, können Sie Bereiche mit Verbesserungspotenzial identifizieren, beispielsweise bei Ihren Produktbeschreibungen, Preisen oder dem Checkout-Prozess.

Identifizieren von Verbesserungspotenzialen

Nachdem Sie Ihre aktuelle Leistung bewertet haben, besteht der nächste Schritt darin, Verbesserungsmöglichkeiten zu identifizieren. Hier sind einige häufige Bereiche, in denen Dropshipping-Shops oft ein wenig optimiert werden müssen:

1. Website-Design und Benutzerfreundlichkeit: Ist Ihre Website einfach zu navigieren? Sieht es professionell aus? Eine schlecht gestaltete Website kann potenzielle Kunden abschrecken. Erwägen Sie die Verwendung eines klaren, modernen Designs, das es Besuchern leicht macht, das zu finden, was sie suchen.

2. *Produktseiten:* Ihre Produktseiten müssen informativ und überzeugend sein. Stellen Sie sicher, dass Sie über hochwertige Bilder, detaillierte Beschreibungen und klare Preise verfügen. Heben Sie die Vorteile Ihrer Produkte hervor und beziehen Sie nach Möglichkeit Kundenbewertungen mit ein.

3. *Bestellvorgang:* Ein komplizierter oder langwieriger Checkout-Prozess kann zum Abbruch des Einkaufswagens führen. Vereinfachen Sie Ihren Checkout-Prozess, indem Sie die Anzahl der Schritte minimieren und sicherstellen, dass er sowohl auf Desktop- als auch auf Mobilgeräten reibungslos funktioniert.

4. *Ladegeschwindigkeit:* Langsam ladende Websites können Besucher frustrieren und zu höheren Absprungraten führen. Optimieren Sie die Ladegeschwindigkeit Ihrer Website, indem Sie Bilder komprimieren, effiziente Codierungspraktiken verwenden und einen zuverlässigen Hosting-Anbieter wählen.

5. *Kundenservice:* Durch einen außergewöhnlichen Kundenservice können Sie sich von der Konkurrenz abheben. Machen Sie es Ihren Kunden einfach, Sie bei Fragen oder Problemen zu kontaktieren. Erwägen Sie, Ihrer Website eine Live-Chat-Funktion hinzuzufügen, um Support in Echtzeit zu erhalten.

Wichtige Kennzahlen zum Verfolgen

Nachdem wir uns nun mit der Analyse und Identifizierung verbesserungswürdiger Bereiche befasst haben, sprechen wir über die wichtigsten Kennzahlen, die Sie verfolgen sollten. Mithilfe dieser Kennzahlen können Sie den Zustand Ihres Shops beurteilen und Ihre Optimierungsbemühungen steuern.

1. *Verkehr:* Überwachen Sie die Anzahl der Besucher in Ihrem Geschäft. Sehen Sie sich sowohl die Gesamtzahl der Besucher als auch die einzelnen Besucher (diejenigen, die Ihr Geschäft zum ersten Mal besuchen) an. Dies hilft Ihnen zu verstehen, wie gut Ihre Marketingbemühungen den Verkehr in Ihrem Geschäft steigern.

2. *Conversion-Rate:* Wie bereits erwähnt, ist Ihre Conversion-Rate der Prozentsatz der Besucher, die einen Kauf tätigen. Eine gesunde Conversion-Rate für E-Commerce-Shops liegt typischerweise zwischen 1 % und 2 %. Wenn Ihr Preis niedriger ist, kann dies auf Probleme mit Ihren Produktseiten oder dem Checkout-Prozess hinweisen.

3. *Durchschnittlicher Bestellwert (AOV):* Dies ist der durchschnittliche Betrag, den Kunden pro Bestellung ausgeben. Um dies herauszufinden, teilen Sie Ihren Gesamtumsatz durch die Anzahl der Bestellungen. Ein höherer AOV bedeutet, dass Sie von jedem Kunden mehr Nutzen ziehen. Sie können den AOV erhöhen, indem Sie Upsells, Cross-Sells oder Bundle-Angebote anbieten.

4. *Kundenakquisekosten (CAC):* Dies ist der Betrag, den Sie ausgeben, um einen neuen Kunden zu gewinnen. Teilen Sie zur Berechnung Ihre gesamten Marketingausgaben durch die Anzahl der in einem bestimmten Zeitraum gewonnenen Neukunden. Wenn Sie Ihren CAC senken, müssen Sie weniger ausgeben, um jeden neuen Kunden zu gewinnen, was Ihre Rentabilität verbessert.

5. *Customer Lifetime Value (CLTV):* Diese Kennzahl schätzt den Gesamtumsatz, den ein Kunde im Laufe seines Lebens mit Ihrem Shop generiert. Dies ist entscheidend für das Verständnis des langfristigen Werts Ihrer Kunden und für die Steuerung Ihrer Marketing- und Kundenbindungsstrategien.

6. *Absprungrate:* Dies ist der Prozentsatz der Besucher, die Ihre Website verlassen, nachdem sie nur eine Seite angesehen haben. Eine hohe Absprungrate kann darauf hinweisen, dass Ihre Website für Besucher nicht ansprechend oder relevant ist. Versuchen Sie, Ihre Absprungrate unter 40 % zu halten.

7. *Warenkorbabbruchrate:* Dies ist der Prozentsatz der Kunden, die Artikel in ihren Warenkorb legen, den Kauf jedoch nicht abschließen. Eine hohe Abbruchrate des Einkaufswagens kann auf Probleme mit Ihrem Service hinweisen: Exzellenter Kundenservice kann Ihren Shop von der Konkurrenz abheben. Stellen Sie sicher, dass Kunden eine klare und leicht zugängliche Möglichkeit haben, Sie bei Fragen oder Bedenken zu kontaktieren. Beantworten Sie Fragen und gehen Sie zeitnah und professionell auf Bedenken ein.

8. *Marketingstrategien:* Bewerten Sie Ihre aktuellen Marketingstrategien. Nutzen Sie die richtigen Kanäle, um Ihre Zielgruppe zu erreichen? Experimentieren Sie mit verschiedenen Marketingtaktiken wie E-Mail-Kampagnen,

Social-Media-Werbung und Influencer-Partnerschaften, um herauszufinden, was für Ihr Geschäft am besten funktioniert.

Zu verfolgende Verkaufskennzahlen:

1. Umsatz: Dies ist der Gesamtbetrag, den Ihr Geschäft einbringt. Wenn Sie Ihren Umsatz im Laufe der Zeit verfolgen, können Sie das Gesamtwachstum und saisonale Trends verstehen.

2. Durchschnittlicher Bestellwert (AOV): Diese Kennzahl gibt Ihnen den durchschnittlichen Betrag an, den ein Kunde pro Transaktion ausgibt. Durch die Erhöhung Ihres AOV können Sie Ihren Umsatz erheblich steigern. Zu den Strategien zur Steigerung des AOV gehören Upselling, Cross-Selling und das Anbieten von Rabatten auf gebündelte Produkte.

3. Bruttogewinn: Der Bruttogewinn ist Ihr Umsatz abzüglich der Kosten der verkauften Waren (COGS). Dadurch erhalten Sie ein klareres Bild Ihrer Rentabilität. Ziel ist es, Ihren Bruttogewinn zu steigern, indem Sie bessere Preise mit Lieferanten aushandeln oder Ihre Preisstrategie optimieren.

4. Nettogewinn: Dies ist Ihr Bruttogewinn abzüglich aller anderen Ausgaben wie Marketing-, Versand- und Betriebskosten. Der Nettogewinn gibt Ihnen einen echten Eindruck von der finanziellen Gesundheit Ihres Geschäfts.

Zu verfolgende Kundenkennzahlen:

1. Kundenakquisekosten (CAC): CAC ist der Geldbetrag, den Sie ausgeben, um einen neuen Kunden zu gewinnen. Darin sind Marketing- und Werbekosten enthalten. Eine Senkung Ihres CAC kann dazu beitragen, Ihre Rentabilität zu steigern.

2. Customer Lifetime Value (CLV): CLV bezieht sich auf den Gesamtbetrag, den ein Kunde im Laufe seines Lebens voraussichtlich in Ihrem Geschäft ausgeben wird. Eine Erhöhung des CLV kann Ihren Umsatz erheblich steigern. Zu den Strategien zur Steigerung des CLV gehören Treueprogramme, personalisiertes Marketing und exzellenter Kundenservice.

3. Kundenbindungsrate: Diese Kennzahl misst den Prozentsatz der Kunden, die Wiederholungskäufe tätigen. Eine hohe Bindungsrate bedeutet, dass Kunden zufrieden und loyal sind. Konzentrieren Sie sich auf den Aufbau starker Beziehungen zu Ihren Kunden, um die Bindung zu verbessern.

Zu verfolgende Website-Metriken:

1. Traffic-Quellen: Wenn Sie wissen, woher Ihr Traffic kommt (z. B. organische Suche, bezahlte Anzeigen, soziale Medien), können Sie Ihr Marketingbudget effektiver einsetzen.

2. Absprungrate: Eine hohe Absprungrate weist darauf hin, dass Besucher Ihre Website verlassen, ohne sich darauf einzulassen. Analysieren Sie die Seiten mit hohen Absprungraten und nehmen Sie Verbesserungen vor, um Besucher länger auf Ihrer Website zu halten.

3. Conversion-Rate: Dies ist der Prozentsatz der Besucher, die die beabsichtigte Aktion ausführen, z. B. einen Kauf tätigen. Durch die Verbesserung Ihrer Conversion-Rate können Sie Ihren Umsatz erheblich steigern. Testen Sie verschiedene Elemente auf Ihrer Website, z. B. Überschriften, Bilder und Handlungsaufforderungen, um herauszufinden, was am besten funktioniert.

4. Warenkorbabbruchrate: Dies ist der Prozentsatz der Kunden, die Artikel in ihren Warenkorb legen, den Kauf jedoch nicht abschließen. Hohe Warenkorbabbruchraten können reduziert werden, indem der Checkout-Prozess vereinfacht, mehrere Zahlungsoptionen angeboten und Folge-E-Mails gesendet werden, um Kunden an ihre verlassenen Warenkörbe zu erinnern.

Verwendung von Google Analytics und Shopify Analytics

Um diese Kennzahlen effektiv zu verfolgen, benötigen Sie die richtigen Tools. Google Analytics und Shopify Analytics sind zwei leistungsstarke Tools, die Ihnen detaillierte Einblicke in die Leistung Ihres Shops liefern können.

Einrichten von Google Analytics

Google Analytics ist ein kostenloses Tool, das zahlreiche Informationen über Ihren Website-Verkehr und Ihr Nutzerverhalten liefert. So richten Sie es ein:

1. Erstellen Sie ein Konto: Gehen Sie zur Google Analytics-Website und erstellen Sie ein neues Konto. Befolgen Sie die Anweisungen, um Ihr Konto und Ihre Eigenschaft (Ihren Shopify-Shop) einzurichten.

2. Tracking-ID abrufen: Sobald Ihr Konto eingerichtet ist, erhalten Sie eine Tracking-ID. Dies ist ein einzigartiger Code, den Sie Ihrem Shopify-Shop hinzufügen müssen, um mit der Datenverfolgung zu beginnen.

3. Tracking-ID zu Shopify hinzufügen: Gehen Sie in Ihrem Shopify-Adminbereich zu Online-Shop > Einstellungen. Scrollen Sie nach unten zum Abschnitt „Google Analytics" und fügen Sie Ihre Tracking-ID ein. Klicken Sie auf Speichern.

4. Aktivieren Sie erweiterten E-Commerce: Um detailliertere Daten über Ihre E-Commerce-Leistung zu erhalten, aktivieren Sie Enhanced E-Commerce in Google Analytics. Gehen Sie in Ihrem Shopify-Adminbereich zu Einstellungen > Zur Kasse und stellen Sie sicher, dass das Kontrollkästchen „Erweitertes E-Commerce-Tracking" aktiviert ist.

Google Analytics-Berichte verstehen

Sobald Google Analytics eingerichtet ist, können Sie auf verschiedene Berichte zugreifen, um die Leistung Ihres Shops zu analysieren. So verstehen Sie Ihren Google Analytics-Bericht:

1. Publikumsbericht: Dieser Bericht enthält Informationen über Ihre Besucher, einschließlich Demografie, Interessen und

Standort. Wenn Sie Ihre Zielgruppe verstehen, können Sie Ihre Marketingbemühungen effektiver gestalten.

2. *Akquisitionsbericht:* Dieser Bericht zeigt, woher Ihr Traffic kommt, z. B. von Suchmaschinen, sozialen Medien oder direkten Besuchen. Nutzen Sie diese Informationen, um zu bestimmen, welche Marketingkanäle am effektivsten sind.

3. *Verhaltensbericht:* Dieser Bericht bietet Einblicke in die Interaktion der Besucher mit Ihrer Website. Sie können sehen, welche Seiten am beliebtesten sind, wie lange Besucher auf Ihrer Website bleiben und wo sie abbrechen.

4. *Konvertierungsbericht:* Dieser Bericht zeigt, wie gut Ihre Website Besucher in Kunden umwandelt. Sie können Verkäufe, Einnahmen und andere Ziele verfolgen, die Sie in Google Analytics eingerichtet haben.

Verwendung von Shopify Analytics

Shopify bietet außerdem eine Reihe von Analysetools, mit denen Sie die Leistung Ihres Shops verfolgen und analysieren können:

1. *Dashboard:* Das Shopify-Dashboard bietet einen Überblick über die wichtigsten Kennzahlen Ihres Shops, wie z. B. Gesamtverkäufe, Online-Shop-Sitzungen und Top-Produkte. Verwenden Sie dieses Dashboard, um einen schnellen Überblick über die Leistung Ihres Shops zu erhalten.

2. *Verkaufsberichte:* Die Verkaufsberichte von Shopify bieten detaillierte Informationen zu Ihren Verkäufen, einschließlich Umsatz, Bestellvolumen und durchschnittlichem

Bestellwert. Verwenden Sie diese Berichte, um Trends und Muster in Ihren Verkaufsdaten zu erkennen.

3. Kundenberichte: Diese Berichte bieten Einblicke in Ihren Kundenstamm, einschließlich Kundengewinnung, -bindung und Lifetime-Value. Nutzen Sie diese Informationen, um Ihre Marketing- und Kundendienstaktivitäten anzupassen.

4. Verhaltensberichte: Diese Berichte zeigen, wie Besucher mit Ihrer Website interagieren, einschließlich Seitenaufrufen, Absprungrate und Konversionsrate. Verwenden Sie diese Informationen, um Bereiche zu identifizieren, in denen das Design und die Benutzerfreundlichkeit Ihrer Website verbessert werden können.

5. Marketingberichte: Diese Berichte zeigen die Wirksamkeit Ihrer Marketingkampagnen, einschließlich Traffic-Quellen, Konversionsraten und Return on Investment (ROI). Nutzen Sie diese Informationen, um Ihre Marketingstrategien zu optimieren.

Datengesteuerte Entscheidungen treffen

Wenn Sie all diese Daten zur Hand haben, besteht der nächste Schritt darin, sie zu nutzen, um fundierte Entscheidungen zu treffen, die Ihnen dabei helfen, Ihr Geschäft für den Erfolg zu optimieren. Hier ist wie:

Ziele setzen:

Bevor Sie datengesteuerte Entscheidungen treffen können, müssen Sie klare, messbare Ziele für Ihr Geschäft festlegen. Diese Ziele sollten spezifisch und erreichbar sein und mit Ihren allgemeinen Geschäftszielen übereinstimmen. Beispielsweise könnten Sie sich zum Ziel setzen, Ihren monatlichen Umsatz um 20 % zu steigern oder die Abbruchrate Ihres Einkaufswagens um 10 % zu senken.

Daten analysieren:

Sobald Sie Ihre Ziele festgelegt haben, nutzen Sie die Daten von Google Analytics und Shopify Analytics, um Ihren Fortschritt zu verfolgen. Suchen Sie nach Trends und Mustern, um herauszufinden, was funktioniert und was nicht.

Wenn Sie beispielsweise feststellen, dass Ihre Conversion-Rate niedriger ist als erwartet, analysieren Sie die Verhaltensberichte, um zu sehen, wo Besucher absteigen.

Testen und Experimentieren:

Einer der Hauptvorteile detaillierter Daten ist die Möglichkeit, verschiedene Strategien zu testen und herauszufinden, was am besten funktioniert. Hier sind einige Bereiche, in denen Sie experimentieren können:

1. Website-Design: Testen Sie verschiedene Layouts, Farben und Schriftarten, um herauszufinden, was Ihr Publikum am meisten anspricht. Verwenden Sie A/B-Tests, um verschiedene Versionen Ihrer Website zu vergleichen und festzustellen, welche die bessere Leistung erbringt.

2. Produktseiten: Experimentieren Sie mit verschiedenen Produktbeschreibungen, Bildern und Preisstrategien. Erfahren Sie, welche Kombinationen zu höheren Conversion-Raten und Umsätzen führen.

3. Bestellvorgang: Vereinfachen Sie Ihren Checkout-Prozess und testen Sie verschiedene Zahlungsoptionen. Sehen Sie, ob das Anbieten mehrerer Zahlungsmethoden oder einer Gast-Checkout-Option Warenkorbabbrüche reduziert.

4. *Marketingstrategien:* Probieren Sie verschiedene Marketingtaktiken aus, z. B. E-Mail-Kampagnen, Social-Media-Anzeigen und Influencer-Partnerschaften. Nutzen Sie die Daten aus Ihren Marketingberichten, um zu sehen, welche Strategien den meisten Traffic und die meisten Conversions generieren.

Anpassungen vornehmen:

Nehmen Sie auf der Grundlage Ihrer Analysen und Experimente Anpassungen an Ihrem Shop vor, um die Leistung zu optimieren. Dies kann die Neugestaltung Ihrer Website, die Aktualisierung der Produktseiten, die Optimierung Ihres Checkout-Prozesses oder die Verlagerung Ihres Marketingschwerpunkts umfassen. Der Schlüssel liegt darin, Ihre Daten kontinuierlich zu überwachen und datengesteuerte Entscheidungen zu treffen, um die Leistung Ihres Shops zu verbessern.

Ständige Verbesserung:

Die Optimierung Ihres Shops ist keine einmalige Aufgabe. Es handelt sich um einen fortlaufenden Prozess, der eine regelmäßige Überwachung und Verbesserung erfordert. Überprüfen Sie regelmäßig Ihre wichtigsten Kennzahlen, analysieren Sie Ihre Daten und nehmen Sie bei Bedarf Anpassungen vor. Bleiben Sie über Branchentrends und Best Practices auf dem Laufenden, um sicherzustellen, dass Ihr Geschäft wettbewerbsfähig und erfolgreich bleibt.

Die Optimierung Ihres Shopify-Dropshipping-Shops für den Erfolg erfordert eine Kombination aus Leistungsanalyse, Verfolgung wichtiger Kennzahlen, dem Einsatz leistungsstarker Analysetools und dem Treffen datengesteuerter Entscheidungen. Indem Sie sich klare Ziele setzen, Ihre Daten regelmäßig überwachen, mit verschiedenen Strategien experimentieren und kontinuierliche Verbesserungen vornehmen, können Sie sicherstellen, dass Ihr Shop immer auf dem Weg zu Wachstum und Erfolg ist.

Denken Sie daran, dass der Weg zur Optimierung noch nicht abgeschlossen ist. Bleiben Sie bestrebt, Ihre Leistung zu analysieren, aus Ihren Daten zu lernen und fundierte Entscheidungen zu treffen. Mit Engagement und den richtigen Strategien wird Ihr Shopify-Dropshipping-Shop in der wettbewerbsintensiven E-Commerce-Landschaft erfolgreich sein.

Skalieren Sie Ihr Dropshipping-Geschäft

Um Ihr Dropshipping-Geschäft zu skalieren, müssen Sie Ihre Kapazität zur Bearbeitung von mehr Bestellungen erhöhen, Ihre Prozesse verbessern und Ihre Reichweite vergrößern. Es geht darum, Ihr Unternehmen von einem kleinen Betrieb zu einem größeren, profitableren Unternehmen zu entwickeln.

Bewertung Ihrer aktuellen Kapazität:

Bevor Sie skalieren können, müssen Sie Ihre aktuelle Kapazität kennen. Bewerten Sie Ihre aktuellen Abläufe, einschließlich Ihrer Lieferantenbeziehungen, Bestandsverwaltung, Auftragsabwicklung und Kundenservice. Identifizieren Sie alle Engpässe oder Einschränkungen, die Ihr Wachstum behindern könnten.

1. *Lieferantenzuverlässigkeit:* Stellen Sie sicher, dass Ihre Lieferanten höhere Bestellmengen bewältigen können, ohne Kompromisse bei Qualität oder Lieferzeiten einzugehen. Bauen Sie solide Beziehungen zu mehreren Lieferanten auf, um Risiken zu reduzieren.

2. *Bestandsverwaltung:* Verwenden Sie Bestandsverwaltungstools, um den Überblick über die Lagerbestände zu behalten und Überverkäufe zu verhindern. Dies ist besonders wichtig, wenn Sie skalieren und Ihr Bestellvolumen steigt.

3. *Auftragsabwicklung:* Optimieren Sie Ihren Bestellabwicklungsprozess, um eine pünktliche Lieferung sicherzustellen. Erwägen Sie die Zusammenarbeit mit Fulfillment-Centern oder externen Logistikdienstleistern, um steigende Bestellmengen effizient abzuwickeln.

4. *Kundenservice:* Wenn Ihr Unternehmen wächst, müssen Sie ein hohes Maß an Kundenservice aufrechterhalten. Investieren Sie in Kundenservice-Tools und schulen Sie Ihr Team, um mehr Anfragen und Probleme effektiv zu bearbeiten.

Finanzielle Bereitschaft:

Skalierung erfordert Investitionen. Bewerten Sie Ihre finanzielle Situation, um sicherzustellen, dass Sie über die notwendigen Mittel zur Unterstützung des Wachstums verfügen. Dazu gehören Investitionen in Marketing, Inventar, Technologie und Personal. Erwägen Sie Optionen wie die Reinvestition von Gewinnen, die Suche nach Investoren oder die Aufnahme von Geschäftskrediten zur Finanzierung Ihrer Skalierungsbemühungen.

Erweitern Sie Ihre Produktlinie:

Eine der effektivsten Möglichkeiten, Ihr Dropshipping-Geschäft zu skalieren, ist die Erweiterung Ihrer Produktlinie. Das Angebot einer breiteren Produktpalette kann mehr Kunden anziehen, den Umsatz steigern und Ihren Gesamtumsatz steigern.

Chancen erkennen:

Beginnen Sie mit der Analyse Ihrer aktuellen Produktleistung. Identifizieren Sie Ihre meistverkauften Produkte und suchen Sie nach verwandten Artikeln, an denen Ihre Kunden ebenfalls interessiert sein könnten. Nutzen Sie Marktforschungstools und Kundenfeedback, um Lücken in Ihrem Produktangebot zu identifizieren.

1. Kundenfeedback: Achten Sie auf Kundenbewertungen und Feedback. Gibt es Produkte, die Ihnen gerne angeboten würden? Nutzen Sie diese Informationen als Leitfaden für Ihre Produkterweiterungsstrategie.

2. Markttrends: Bleiben Sie über Branchentrends und neue Produkte auf dem Laufenden. Nutzen Sie Tools wie Google Trends, Branchenberichte und Konkurrenzanalysen, um beliebte und trendige Produkte zu identifizieren.

3. Lieferantenkataloge: Durchsuchen Sie die Kataloge Ihrer aktuellen Lieferanten nach neuen Produkten. Der Aufbau bestehender Lieferantenbeziehungen kann die Erweiterung Ihrer Produktpalette erleichtern.

Testen neuer Produkte:

Bevor Sie sich vollständig auf neue Produkte festlegen, testen Sie diese, um sicherzustellen, dass eine Nachfrage besteht. Fügen Sie Ihrem Shop ein paar neue Artikel hinzu und überwachen Sie deren Leistung. Nutzen Sie Daten aus Ihrem Shopify und Google Analytics, um Verkäufe, Kundeninteressen und Feedback zu verfolgen.

1. Produktlisten: Erstellen Sie überzeugende Produktlisten mit hochwertigen Bildern, detaillierten Beschreibungen und wettbewerbsfähigen Preisen. Heben Sie die Vorteile und Unterscheidungsmerkmale jedes Produkts hervor.

2. Marketing: Bewerben Sie Ihre neuen Produkte über E-Mail-Kampagnen, soziale Medien und andere Marketingkanäle. Erreichen Sie mit gezielter Werbung potenzielle Kunden, die wahrscheinlich an den neuen Produkten interessiert sind.

3. Kundenfeedback: Ermutigen Sie Kunden, Bewertungen und Feedback zu Ihren neuen Produkten zu hinterlassen. Nutzen Sie diese Informationen, um gegebenenfalls notwendige Anpassungen vorzunehmen und Ihr Produktangebot zu verbessern.

Outsourcing und Automatisierung von Aufgaben

Wenn Ihr Unternehmen wächst, kann es überwältigend werden, alles selbst zu verwalten. Durch die Auslagerung und Automatisierung von Aufgaben können Sie Zeit sparen, Stress reduzieren und sich auf strategische Wachstumsaktivitäten konzentrieren.

Identifizieren der auszulagernden Aufgaben:

Beginnen Sie damit, Aufgaben zu identifizieren, die zeitaufwändig oder sich wiederholend sind oder außerhalb Ihres Fachgebiets liegen. Zu den häufig auszulagernden Aufgaben gehören:

1. Kundenservice: Durch die Beauftragung virtueller Assistenten oder Kundendienstagenturen können Sie Kundenanfragen, Retouren und Beschwerden effizienter verwalten.

2. Auftragsabwicklung: Durch die Zusammenarbeit mit externen Logistikdienstleistern (3PLs) können Sie Ihren Auftragsabwicklungsprozess optimieren, sodass Sie mehr Bestellungen ohne zusätzlichen Stress abwickeln können.

3. Marketing: Die Beauftragung einer Marketingagentur oder freiberuflicher Experten kann Ihnen bei der Erstellung und Durchführung effektiver Marketingkampagnen helfen. Dazu gehört die Verwaltung sozialer Medien, E-Mail-Marketing und bezahlter Werbung.

4. Inhaltserstellung: Lagern Sie Aufgaben zur Inhaltserstellung wie Blogbeiträge, Produktbeschreibungen und Grafikdesign an Freiberufler oder Content-Agenturen aus. Dies stellt sicher, dass Sie über qualitativ hochwertige Inhalte verfügen, ohne zu viel Zeit damit zu verbringen.

Prozesse automatisieren:

Automatisierungstools können Ihnen dabei helfen, verschiedene Aspekte Ihres Unternehmens zu optimieren, von der Bestandsverwaltung bis zum Marketing.

Hier sind einige wichtige Bereiche für die Automatisierung:

1. Bestandsverwaltung: Verwenden Sie eine Bestandsverwaltungssoftware, um Lagerbestände automatisch zu verfolgen, Produkte nachzubestellen und Überverkäufe zu verhindern. Tools wie Oberlo, Stock Sync und TradeGecko können in Ihren Shopify-Shop integriert werden.

2. Auftragsabwicklung: Automatisieren Sie Auftragsabwicklungsaufgaben wie Bestellbestätigungs-E-Mails, Tracking-Updates und Versandbenachrichtigungen. Tools wie ShipStation und ShipBob können dabei helfen, diese Prozesse zu automatisieren.

3. Marketing-Automatisierung: Verwenden Sie Marketing-Automatisierungstools, um Social-Media-Beiträge zu planen, personalisierte E-Mail-Kampagnen zu versenden und die Marketingleistung zu verfolgen. Tools wie Mailchimp, Klaviyo und Hootsuite können Ihnen dabei helfen, Ihre Marketingbemühungen zu automatisieren.

4. Kundenbeziehungsmanagement (CRM): Implementieren Sie ein CRM-System, um Kundeninteraktionen zu verwalten, Vertriebskontakte zu verfolgen und Folge-E-Mails zu automatisieren. Tools wie HubSpot, Salesforce und Zoho CRM können in Ihren Shopify-Shop integriert werden.

Strategien zur Erweiterung Ihres Kundenstamms

Die Erweiterung Ihres Kundenstamms ist für die Skalierung Ihres Dropshipping-Geschäfts von entscheidender Bedeutung. Durch die Gewinnung neuer Kunden und die Bindung bestehender Kunden können Sie den Umsatz steigern und nachhaltiges Wachstum vorantreiben.

Verbessern Sie Ihre Marketingbemühungen:

1. Content-Marketing: Erstellen Sie wertvolle und ansprechende Inhalte, die Ihre Zielgruppe anziehen und informieren. Dies umfasst Blogartikel, Videos, Infografiken und Social-Media-Inhalte. Nutzen Sie SEO-Best Practices, um Ihre Inhalte für Suchmaschinen zu optimieren und den organischen Traffic in Ihrem Shop zu steigern.

2. E-Mail-Marketing: Erstellen Sie eine E-Mail-Liste und nutzen Sie E-Mail-Marketingkampagnen, um die Beziehungen zu Ihren Kunden zu pflegen. Versenden Sie personalisierte E-Mails mit Produktempfehlungen, Sonderangeboten und relevantem Material. Nutzen Sie Lösungen wie Mailchimp oder Klaviyo, um Ihre E-Mail-Marketingkampagnen zu automatisieren.

3. Social-Media-Marketing: Nutzen Sie Social-Media-Plattformen, um mit Ihrem Publikum in Kontakt zu treten und Ihre Produkte zu bewerben. Erstellen Sie einen konsistenten Veröffentlichungsplan, interagieren Sie mit Ihren Followern und nutzen Sie bezahlte Anzeigen, um ein größeres Publikum zu erreichen. Plattformen wie Facebook, Instagram und Pinterest sind für E-Commerce-Unternehmen besonders effektiv.

4. Bezahlte Werbung: Investieren Sie in bezahlte Werbung, um ein größeres Publikum zu erreichen und gezielten Traffic in Ihr Geschäft zu lenken. Nutzen Sie Plattformen wie Google Ads, Facebook Ads und Instagram Ads, um gezielte Werbekampagnen zu erstellen. Um den ROI zu maximieren, überwachen Sie die Leistung Ihrer Anzeigen und passen Sie Ihre Strategien entsprechend an.

Kundenbindung aufbauen:

1. Personalisiertes Marketing: Nutzen Sie Kundeninformationen, um personalisierte Marketingstrategien zu erstellen. Senden Sie personalisierte Produktempfehlungen, Geburtstagsangebote und Sonderrabatte, um Ihren Kunden das Gefühl zu geben, wertgeschätzt und geschätzt zu werden.

2. Exzellenter Kundenservice: Bieten Sie außergewöhnlichen Kundenservice, um Vertrauen und Loyalität aufzubauen. Reagieren Sie umgehend auf Kundenanfragen, lösen Sie Probleme schnell und tun Sie alles, um die Kundenzufriedenheit sicherzustellen.

3. Mit Kunden in Kontakt treten: Bauen Sie eine Community rund um Ihre Marke auf, indem Sie über soziale Medien mit Kunden interagieren, auf Kommentare und Nachrichten reagieren und benutzergenerierte Inhalte fördern. Dies trägt dazu bei, einen treuen Kundenstamm aufzubauen, der sich mit Ihrer Marke verbunden fühlt.

Erweitern Sie Ihre Reichweite:

1. Internationale Expansion: Erwägen Sie die Ausweitung Ihres Geschäfts auf internationale Märkte. Dies kann neue Möglichkeiten eröffnen und Ihren Kundenstamm vergrößern. Recherchieren Sie die Nachfrage nach Ihren Produkten in verschiedenen Ländern und passen Sie Ihre Marketingstrategien an, um ein internationales Publikum anzusprechen.

2. Affiliate-Marketing: Implementieren Sie ein Affiliate-Marketing-Programm, um andere zu ermutigen, für Ihre Produkte zu werben. Affiliates erhalten für jeden Verkauf, den sie generieren, eine Provision, was einen Anreiz darstellt, den Traffic und die Verkäufe in Ihrem Geschäft zu steigern. Verwenden Sie Tools wie Refersion oder ShareASale, um Ihr Partnerprogramm zu verwalten.

3. Kooperationen und Partnerschaften: Arbeiten Sie mit anderen Unternehmen in Ihrer Nische zusammen, um Produkte gegenseitig zu bewerben und neue Zielgruppen zu erreichen. Kooperationen können gemeinsame Marketingkampagnen, Co-Branding-Produkte oder exklusive Rabatte für die Kunden des jeweils anderen umfassen.

Die Skalierung Ihres Dropshipping-Geschäfts erfordert einen strategischen Ansatz, der die Erweiterung Ihrer Produktlinie, die Auslagerung und Automatisierung von Aufgaben sowie die Umsetzung effektiver Strategien zur Erweiterung Ihres Kundenstamms umfasst. Wenn Sie Ihre Leistung kontinuierlich analysieren, in die richtigen Tools und Ressourcen investieren und sich auf die Kundenzufriedenheit konzentrieren, können Sie Ihr Dropshipping-Geschäft erfolgreich auf ein neues Niveau bringen.

Wachstum geschieht nicht über Nacht. Es erfordert Engagement, Ausdauer und die Bereitschaft, sich anzupassen und zu lernen. Verfeinern Sie Ihre Strategien weiter, experimentieren Sie mit neuen Ideen und bleiben Sie über Branchentrends auf dem Laufenden. Mit dem richtigen Ansatz wird Ihr Shopify-Dropshipping-Shop florieren und zu einem profitablen und nachhaltigen Unternehmen werden.

KAPITEL SIEBEN
Rechtliche und finanzielle Anforderungen

Wenn Sie ein Dropshipping-Unternehmen gründen, ist es verlockend, sich nur auf die spannenden Teile zu konzentrieren – Produkte finden, Ihre Website erstellen und Verkäufe tätigen. Genauso wichtig ist jedoch das Verständnis und die Einhaltung gesetzlicher Vorgaben. Dies erspart Ihnen nicht nur mögliche Bußgelder und Klagen, sondern schafft auch Vertrauen bei Ihren Kunden und Lieferanten.

Geschäftslizenzen und Genehmigungen

Lassen Sie uns zunächst über Gewerbelizenzen und -genehmigungen sprechen. Je nachdem, wo Sie wohnen und wo Sie Ihre Produkte verkaufen möchten, benötigen Sie möglicherweise eine Gewerbelizenz. Diese Lizenz gibt Ihnen im Wesentlichen das Recht, Ihr Unternehmen zu betreiben. Die spezifischen Anforderungen variieren je nach Land, Bundesland und sogar Stadt. Daher ist es wichtig, sich bei Ihrer örtlichen Regierung zu erkundigen, was Sie benötigen.

E-Commerce-Bestimmungen

Als nächstes gibt es E-Commerce-Vorschriften. Da Sie ein Online-Geschäft betreiben, müssen Sie die Regeln kennen, die für Online-Transaktionen gelten. Dazu können Datenschutzgesetze, Verbraucherrechte und Vorschriften für elektronische Transaktionen gehören. In der Europäischen Union beispielsweise gibt es in der Datenschutz-Grundverordnung (DSGVO) strenge Regeln darüber, wie Sie Kundendaten sammeln, speichern und verwenden dürfen.

Internationale Handelsgesetze

Wenn Sie planen, Produkte international zu verkaufen, müssen Sie auch internationale Handelsgesetze berücksichtigen. Verschiedene Länder haben unterschiedliche Vorschriften darüber, was importiert und exportiert werden darf, sowie über Zölle und Steuern. Es ist wichtig, diese Gesetze zu verstehen, um rechtliche Komplikationen zu vermeiden und eine reibungslose Lieferung Ihrer Produkte an Kunden weltweit sicherzustellen.

Rechte an geistigem Eigentum

Lassen Sie uns abschließend über geistige Eigentumsrechte sprechen. Dies ist besonders wichtig, wenn Sie Markenprodukte verkaufen möchten. Sie müssen sicherstellen, dass Sie keine Marken oder Urheberrechte verletzen. Der Verkauf gefälschter Produkte kann schwere Strafen nach sich ziehen, darunter hohe Geldstrafen und rechtliche Schritte seitens der Markeninhaber. Stellen Sie immer sicher, dass Ihre Lieferanten zum Verkauf der Produkte berechtigt sind und dass

Sie keine Gesetze zum Schutz des geistigen Eigentums verletzen.

Gründung einer Geschäftseinheit

Da wir nun über ein grundlegendes Verständnis der Rechtslandschaft verfügen, können wir uns an die Gründung Ihrer Geschäftseinheit machen. Die Wahl der richtigen Unternehmensstruktur ist eine wichtige Entscheidung, die sich auf Ihre Steuern, Ihre persönliche Haftung und den gesamten Geschäftsbetrieb auswirken kann.

Einzelunternehmen:

Ein Einzelunternehmen ist die einfachste und gebräuchlichste Struktur für ein Kleinunternehmen. Die Einrichtung ist einfach und Sie haben die volle Kontrolle über Ihr Unternehmen. Der Nachteil besteht jedoch darin, dass es keine rechtliche Trennung zwischen Ihnen und Ihrem Unternehmen gibt. Das bedeutet, dass Ihr persönliches Vermögen gefährdet sein könnte, wenn Ihr Unternehmen Schulden macht oder rechtliche Probleme hat.

Partnerschaft:

Wenn Sie Ihr Dropshipping-Geschäft mit einem Partner starten, könnten Sie über eine Partnerschaft nachdenken. In dieser Struktur teilen Sie und Ihr Partner die Gewinne, Verluste und Verantwortlichkeiten des Unternehmens. Ähnlich wie bei einer Einzelfirma ist die Gründung einer Personengesellschaft relativ einfach, bedeutet aber auch, dass beide Partner persönlich für die Schulden und Rechtsangelegenheiten des Unternehmens haften.

Gesellschaft mit beschränkter Haftung (LLC):

Eine LLC ist eine beliebte Wahl für kleine Unternehmen, einschließlich Dropshipping-Unternehmen, da sie die Vorteile sowohl einer Kapitalgesellschaft als auch einer Partnerschaft bietet. Mit einer LLC sind Ihre persönlichen Vermögenswerte vor Geschäftsschulden und rechtlichen Schritten geschützt, und Sie können die Flexibilität der Durchleitungsbesteuerung genießen, bei der die Gewinne und Verluste des Unternehmens in Ihre persönliche Steuererklärung einfließen.

Konzern:

Eine Kapitalgesellschaft ist eine komplexere Unternehmensstruktur, die ihren Eigentümern den stärksten Schutz vor persönlicher Haftung bietet. Allerdings sind damit mehr Vorschriften, höhere Kosten und eine Doppelbesteuerung verbunden – einmal auf die Gewinne des Unternehmens und einmal auf die Dividenden der Aktionäre. Diese Struktur eignet sich in der Regel besser für größere Unternehmen mit erheblichem Wachstumspotenzial.

Registrieren Sie Ihr Unternehmen:

Wenn Sie sich für die Struktur entschieden haben, geht es im nächsten Schritt um die Gewerbeanmeldung. Dieser Prozess umfasst die Auswahl eines Firmennamens, die Einreichung der erforderlichen Unterlagen bei Ihrer örtlichen Regierung und die Einholung aller erforderlichen Lizenzen und Genehmigungen. Wenn Sie in den Vereinigten Staaten leben, müssen Sie möglicherweise auch eine Employer Identification Number (EIN) vom IRS erhalten. Diese Nummer wird für Steuerzwecke verwendet und ist bei der Eröffnung eines Geschäftsbankkontos und bei der Einstellung von Personal erforderlich.

Steuerpflichten für Dropshipping

Der Umgang mit Steuerpflichten kann einer der entmutigendsten Aspekte bei der Führung eines Dropshipping-Unternehmens sein, aber es ist wichtig, es richtig zu machen. Die Nichteinhaltung von Steuergesetzen kann zu Strafen und Bußgeldern führen. Lassen Sie uns also aufschlüsseln, was Sie wissen müssen.

Mehrwertsteuer:

Die Umsatzsteuer ist einer der wichtigsten steuerlichen Aspekte für Ihr Dropshipping-Geschäft. In den Vereinigten Staaten ist die Umsatzsteuer eine staatliche Steuer, die auf den Verkauf von Produkten und Dienstleistungen erhoben wird. Die Regeln für die Erhebung und Abführung der Umsatzsteuer können von Bundesstaat zu Bundesstaat erheblich variieren. In einigen

Bundesstaaten müssen Sie Umsatzsteuer erheben, wenn Sie eine physische Präsenz (Nexus) im Bundesstaat haben, während andere Gesetze zur wirtschaftlichen Verknüpfung haben. Dies bedeutet, dass Sie Umsatzsteuer erheben müssen, wenn Sie eine bestimmte Anzahl an Verkäufen oder Transaktionen im Bundesstaat überschreiten.

Um die Umsatzsteuer zu verwalten, müssen Sie Folgendes tun:

1. *Registrieren Sie sich für eine Umsatzsteuergenehmigung:* Sie müssen sich in jedem Staat, in dem Sie einen Nexus haben, für eine Umsatzsteuergenehmigung registrieren lassen. Dieser Prozess erfordert in der Regel das Ausfüllen eines Antrags und die Zahlung einer Gebühr.

2. *Umsatzsteuer einziehen:* Sobald Sie Ihre Genehmigung erhalten haben, müssen Sie mit der Erhebung der Umsatzsteuer von Kunden in diesen Bundesstaaten beginnen. Die meisten E-Commerce-Plattformen, einschließlich Shopify, verfügen über Tools, mit denen Sie an der Kasse den korrekten Umsatzsteuerbetrag berechnen und einziehen können.

3. *Umsatzsteuer abführen:* In regelmäßigen Abständen müssen Sie die eingenommene Umsatzsteuer an die zuständigen Landesbehörden überweisen. Dieser Prozess umfasst in der Regel die Abgabe einer Umsatzsteuererklärung, in der Ihre Verkäufe und die Höhe der erhobenen Umsatzsteuer aufgeführt sind.

Einkommenssteuer:

Zusätzlich zur Umsatzsteuer müssen Sie auch Einkommensteuer auf die Gewinne zahlen, die Ihr Unternehmen erwirtschaftet. Die Einzelheiten zur Zahlung der Einkommensteuer hängen von der Struktur Ihres Unternehmens ab.

1. Einzelunternehmen und Personengesellschaften: Wenn Sie Einzelunternehmer oder Partner einer Personengesellschaft sind, geben Sie Ihr Geschäftseinkommen in Ihrer persönlichen Steuererklärung unter Verwendung von Anhang C (Formular 1040) an. Ihr Geschäftseinkommen unterliegt der Selbstständigkeitssteuer, die Sozialversicherungs- und Medicare-Steuern umfasst.

2. LLC: Wenn Sie eine LLC haben, können Sie wählen, ob Sie als Einzelunternehmen, Personengesellschaft oder Kapitalgesellschaft besteuert werden möchten. Einpersonen-LLCs werden automatisch als Einzelunternehmen besteuert, während Mehrpersonen-LLCs als Personengesellschaften besteuert werden. Sie können Ihre LLC jedoch als Körperschaft besteuern lassen, indem Sie das Formular 8832 beim IRS einreichen.

3. Gesellschaft: Wenn Ihr Unternehmen als Kapitalgesellschaft strukturiert ist, zahlt es auf seine Gewinne Körperschaftssteuer. Aktionäre zahlen außerdem persönliche Einkommensteuer auf alle erhaltenen Dividenden, was zu einer Doppelbesteuerung führt.

Geschätzte Steuern:

Als Inhaber eines Dropshipping-Unternehmens sind Sie das ganze Jahr über für die Zahlung der geschätzten Steuern verantwortlich. Dabei handelt es sich um vierteljährliche Steuerzahlungen an den IRS und in manchen Fällen auch an staatliche Steuerbehörden zur Deckung Ihrer Einkommensteuer und Selbstständigkeitssteuer. Der IRS erwartet, dass Sie mindestens 90 % Ihrer Steuerschuld des laufenden Jahres oder 100 % der Steuerschuld des Vorjahres bezahlen, je nachdem, welcher Betrag niedriger ist. Die Nichtzahlung der geschätzten Steuerzahlungen kann zu Strafen und Zinsen führen.

Internationale Steuern:

Wenn Sie an Kunden außerhalb Ihres Heimatlandes verkaufen, müssen Sie die internationalen Steuergesetze verstehen und einhalten. Viele Länder verlangen von ausländischen Unternehmen die Erhebung und Abführung der Mehrwertsteuer (MwSt.) oder der Waren- und Dienstleistungssteuer (GST) auf Verkäufe an ihre Einwohner. Die Regeln und Steuersätze für diese Steuern können erheblich variieren. Daher ist es wichtig, dass Sie sich informieren und bei Bedarf einen Steuerberater konsultieren.

Schutz Ihres Unternehmens: Allgemeine Geschäftsbedingungen, Datenschutzrichtlinien

Um Ihr Dropshipping-Geschäft zu schützen, ist es wichtig, klare und umfassende Geschäftsbedingungen und Datenschutzrichtlinien zu haben. Diese Dokumente helfen dabei, den rechtlichen Rahmen Ihres Unternehmens festzulegen, Ihre Verantwortlichkeiten zu umreißen und Sie vor potenziellen rechtlichen Problemen zu schützen.

Geschäftsbedingungen:

Ihre Allgemeinen Geschäftsbedingungen (AGB) sind die Regeln, die die Nutzung Ihrer Website und den Kauf Ihrer Produkte regeln. Sie legen die Rechte und Pflichten von Ihnen und Ihren Kunden fest und können Ihnen dabei helfen, sich vor Rechtsstreitigkeiten zu schützen. Hier sind einige wichtige Elemente, die Sie in Ihre AGB aufnehmen sollten:

1. Einleitung: Geben Sie deutlich an, dass das Dokument die Geschäftsbedingungen für die Nutzung Ihrer Website und den Kauf von Produkten in Ihrem Geschäft darlegt.

2. Definitionen: Definieren Sie Schlüsselbegriffe, die im gesamten Dokument verwendet werden, z. B. „Kunde", „Benutzer", „wir" und „Sie".

3. Annahme der Bedingungen: Geben Sie an, dass Kunden durch die Nutzung Ihrer Website oder einen Kauf damit einverstanden sind, Ihre AGB einzuhalten.

4. Produkte und Dienstleistungen: Beschreiben Sie Ihre Produkte und Dienstleistungen, einschließlich etwaiger Einschränkungen oder Einschränkungen.

5. Bestellung und Zahlung: Beschreiben Sie den Prozess zum Aufgeben von Bestellungen, die akzeptierten Zahlungsmethoden und die Art und Weise, wie Zahlungen verarbeitet werden.

6. Versand und Lieferung: Geben Sie Ihre Versand- und Lieferrichtlinien detailliert an, einschließlich Versandzeiten, Kosten und möglichen Verzögerungen.

7. Rückgabe und Rückerstattung: Erläutern Sie Ihre Rückgabe- und Rückerstattungsrichtlinien, einschließlich der Bedingungen, unter denen Rückgaben und Rückerstattungen akzeptiert werden, und des Prozesses für deren Beantragung.

8. Geistiges Eigentum: Machen Sie Ihre Rechte an jeglichem geistigen Eigentum auf Ihrer Website geltend, wie z. B. Logos, Bilder und Inhalte, und verbieten Sie die unbefugte Nutzung durch Kunden.

9. Haftungsbeschränkung: Beschränken Sie Ihre Haftung für Schäden oder Verluste, die aus der Nutzung Ihrer Website oder Produkte entstehen.

10. Anwendbares Recht: Geben Sie den Gerichtsstand an, der alle Streitigkeiten aus Ihren AGB regeln wird.

Datenschutzrichtlinien

Eine Datenschutzrichtlinie ist ein Dokument, das erklärt, wie Sie die persönlichen Daten Ihrer Kunden sammeln, verwenden, speichern und schützen. Angesichts der Bedeutung des Datenschutzes im heutigen digitalen Zeitalter ist eine klare und transparente Datenschutzrichtlinie in vielen Ländern nicht nur gesetzlich vorgeschrieben, sondern auch eine Möglichkeit, Vertrauen bei Ihren Kunden aufzubauen. Stellen Sie sicher, dass Ihre Datenschutzrichtlinie Folgendes enthält:

1. *Einleitung:* Erklären Sie den Zweck der Datenschutzrichtlinie und versichern Sie Ihren Kunden, dass Sie sich für den Schutz ihrer Privatsphäre einsetzen.

2. *Informationssammlung:* Geben Sie detailliert an, welche Arten von personenbezogenen Daten Sie von Kunden sammeln, z. B. Namen, E-Mail-Adressen, Lieferadressen und Zahlungsinformationen. Machen Sie genaue Angaben zu den Erhebungsmethoden, sei es über Website-Formulare, Cookies oder Dienste Dritter.

3. *Nutzung der Informationen:* Erklären Sie, wie Sie die gesammelten Informationen verwenden. Zu den üblichen Verwendungszwecken gehören die Bearbeitung von Bestellungen, die Verbesserung des Kundenservice, das Versenden von Werbe-E-Mails und die Durchführung von Marktforschungen.

4. *Informationsaustausch:* Geben Sie an, ob Sie personenbezogene Daten von Kunden an Dritte weitergeben, beispielsweise an Zahlungsabwickler, Versandunternehmen und Marketingpartner. Sorgen Sie für Transparenz über die Umstände, unter denen Informationen weitergegeben werden, und über die Art der beteiligten Dritten.

5. *Datenschutz:* Beschreiben Sie die Maßnahmen, die Sie ergreifen, um die persönlichen Daten Ihrer Kunden vor unbefugtem Zugriff, Offenlegung oder Missbrauch zu schützen. Dazu können technische Maßnahmen wie Verschlüsselung und sichere Server gehören, aber auch administrative Maßnahmen wie Zugangskontrollen und Mitarbeiterschulungen.

6. Rechte des Kunden: Informieren Sie Kunden über ihre Rechte in Bezug auf ihre persönlichen Daten, z. B. das Recht auf Zugriff, Berichtigung oder Löschung ihrer Daten. Erläutern Sie den Prozess zur Ausübung dieser Rechte und geben Sie Kontaktinformationen für Kundenanfragen an.

7. Cookies und Tracking-Technologien: Klären Sie die Verwendung von Cookies und anderen Tracking-Technologien auf Ihrer Website. Erklären Sie, was Cookies sind, warum Sie sie verwenden und wie Kunden ihre Cookie-Einstellungen steuern können.

8. Links Dritter: Wenn Ihre Website Links zu Websites Dritter enthält, fügen Sie einen Haftungsausschluss hinzu, der besagt, dass Sie nicht für die Datenschutzpraktiken dieser externen Websites verantwortlich sind. Ermutigen Sie Kunden, die Datenschutzrichtlinien aller verlinkten Websites zu lesen.

9. Richtlinienänderungen: Geben Sie an, dass Sie Ihre Datenschutzrichtlinie von Zeit zu Zeit aktualisieren können, und erläutern Sie, wie Kunden über wesentliche Änderungen informiert werden. Geben Sie zur Transparenz das Datum der letzten Aktualisierung an.

10. Kontaktinformationen: Bieten Sie Kunden die Möglichkeit, Sie bei Fragen oder Bedenken zu Ihrer Datenschutzrichtlinie zu kontaktieren. Dabei kann es sich um eine E-Mail-Adresse, eine Telefonnummer oder ein Kontaktformular handeln.

Richtlinien umsetzen und kommunizieren

Das Erstellen Ihrer Allgemeinen Geschäftsbedingungen und Datenschutzrichtlinien ist nur der erste Schritt. Sie müssen diese Richtlinien auch effektiv umsetzen und sie Ihren Kunden klar kommunizieren.

- ***Gut sichtbar darstellen:*** Stellen Sie sicher, dass Ihre Allgemeinen Geschäftsbedingungen und Datenschutzrichtlinien auf Ihrer Website leicht zugänglich sind. Übliche Orte, an denen Links zu diesen Dokumenten angezeigt werden, sind die Fußzeile Ihrer Website, die Checkout-Seite und während des Kontoregistrierungsprozesses.

- ***Kundenakzeptanz:*** Damit Ihre Allgemeinen Geschäftsbedingungen rechtsverbindlich sind, müssen Kunden ihnen zustimmen. Sie können dies erreichen, indem Sie Kunden dazu auffordern, vor dem Abschluss eines Kaufs oder der Erstellung eines Kontos ein Kästchen anzukreuzen, in dem sie angeben, dass sie die Bedingungen akzeptieren.

- ***Regelmäßige Updates:*** Überprüfen und aktualisieren Sie regelmäßig Ihre Allgemeinen Geschäftsbedingungen und Datenschutzrichtlinien, um Änderungen in Ihren Geschäftspraktiken oder gesetzlichen Anforderungen Rechnung zu tragen. Benachrichtigen Sie Kunden über wichtige Aktualisierungen und erwägen Sie, von ihnen die Annahme der überarbeiteten Bedingungen zu verlangen.

- ***Schulung der Mitarbeiter:*** Stellen Sie sicher, dass Ihre Mitarbeiter Ihre Richtlinien verstehen und wissen, wie sie Kundenanfragen zu Geschäftsbedingungen und

Datenschutzpraktiken bearbeiten. Dies ist besonders wichtig für Kundendienstmitarbeiter, die möglicherweise auf Fragen oder Bedenken von Kunden eingehen müssen.

Rechtliche Unterstützung und Ressourcen

Die Bewältigung der rechtlichen und finanziellen Anforderungen eines Dropshipping-Unternehmens kann komplex sein, und Sie müssen dies nicht alleine tun. Hier sind einige Ressourcen und Supportoptionen, die Sie in Betracht ziehen sollten:

- *Juristen:* Erwägen Sie die Konsultation eines Anwalts, der auf E-Commerce- oder Kleinunternehmensrecht spezialisiert ist. Sie können Ihnen bei der Ausarbeitung Ihrer Allgemeinen Geschäftsbedingungen, Datenschutzrichtlinien und anderer rechtlicher Dokumente helfen und Sie bei der Einhaltung lokaler und internationaler Gesetze beraten.

- *Buchhalter und Steuerberater:* Die Zusammenarbeit mit einem Buchhalter oder Steuerberater kann Ihnen bei der Bewältigung Ihrer Steuerpflichten helfen und sicherstellen, dass Ihr Unternehmen finanziell solide ist. Sie können Ihnen beim Aufbau Ihrer Unternehmensstruktur, bei der Führung der Buchhaltung und Buchhaltung sowie bei der Erstellung von Steuererklärungen behilflich sein.

- *Internetquellen:* Es stehen zahlreiche Online-Ressourcen zur Verfügung, die Ihnen helfen, die rechtlichen und finanziellen Aspekte der Führung eines Dropshipping-Geschäfts zu verstehen. Websites wie die Small Business Administration (SBA) in den USA, Regierungsportale für

Unternehmensregistrierung und Steuerinformationen sowie E-Commerce-Plattformen wie Shopify bieten häufig Leitfäden, Vorlagen und Supportartikel an.

- ***E-Commerce-Communitys:*** Der Beitritt zu E-Commerce-Communities wie Online-Foren, Social-Media-Gruppen und lokalen Unternehmensnetzwerken kann wertvolle Erkenntnisse und Unterstützung von anderen Unternehmern liefern. Sie können aus den Erfahrungen anderer lernen, Fragen stellen und Wissen über Best Practices für die Einhaltung gesetzlicher und finanzieller Vorschriften austauschen.

Die Sicherstellung, dass Ihr Dropshipping-Geschäft gesetzeskonform und finanziell solide ist, ist ein entscheidender Aspekt beim Aufbau eines erfolgreichen und nachhaltigen Unternehmens. Wenn Sie die rechtlichen Anforderungen verstehen, die richtige Geschäftseinheit gründen, Ihre Steuerpflichten verwalten und Ihr Unternehmen durch klare Geschäftsbedingungen und Datenschutzrichtlinien schützen, können Sie Risiken reduzieren und sich auf die Expansion Ihres Unternehmens konzentrieren. Wenn Sie sich die Zeit nehmen, diese rechtlichen und finanziellen Aspekte im Voraus zu klären, können Sie sich spätere potenzielle Kopfschmerzen und rechtliche Probleme ersparen. Dadurch schützen Sie nicht nur Ihr Unternehmen, sondern bauen auch Vertrauen bei Ihren Kunden auf und schaffen eine solide Grundlage für langfristigen Erfolg.

Verwalten Sie Ihre Finanzen

Das Verständnis und die Verwaltung Ihrer Finanzen ist entscheidend für den Erfolg Ihres Dropshipping-Geschäfts. Dazu gehört es, den Überblick über Ihre Einnahmen und Ausgaben zu behalten, sicherzustellen, dass Sie über genügend Mittel verfügen, um Ihre Kosten zu decken, und für zukünftiges Wachstum zu planen. Ein effektives Finanzmanagement kann Ihnen helfen, Cashflow-Probleme zu vermeiden, fundierte Geschäftsentscheidungen zu treffen und Ihre finanziellen Ziele zu erreichen.

Einnahmen und Ausgaben verstehen

Der erste Schritt bei der Verwaltung Ihrer Finanzen besteht darin, Ihre Einnahmen und Ausgaben zu verstehen. Einnahmen beziehen sich auf das Geld, das Sie aus Verkäufen erhalten, während Ausgaben die Kosten sind, die Ihnen für den Betrieb Ihres Unternehmens entstehen. Hier ist ein genauerer Blick auf jedes einzelne:

- ***Einkommen:*** Dazu gehören die Einnahmen aus dem Verkauf von Produkten in Ihrem Shopify-Shop. Es ist wichtig, Ihre Verkäufe sorgfältig zu verfolgen, um zu verstehen, wie viel Geld Ihr Unternehmen generiert. Sie können die integrierten Analysetools von Shopify verwenden, um Ihre Verkaufsleistung zu überwachen und Trends zu erkennen.

- ***Ausgaben:*** Ausgaben können in zwei Hauptkategorien unterteilt werden: feste und variable. Fixkosten sind regelmäßige, laufende Kosten, die sich nicht wesentlich ändern, wie z. B. Ihr Shopify-Abonnement, Website-Hosting-Gebühren und Unternehmensversicherungen. Die variablen Kosten schwanken je nach Umsatzvolumen und Geschäftsaktivitäten, einschließlich Produktkosten, Versandkosten, Marketingkosten und Transaktionsgebühren von Zahlungsgateways.

Verfolgen Sie Ihre Finanzen:

Um Ihre Finanzen unter Kontrolle zu halten, müssen Sie Ihre Einnahmen und Ausgaben regelmäßig im Auge behalten. Dies kann manuell mithilfe von Tabellenkalkulationen oder über eine Buchhaltungssoftware erfolgen. Hier sind ein paar Schritte, die Ihnen den Einstieg erleichtern:

1. *Erstellen Sie ein Budget:* Ein Budget ist ein Finanzplan, der Ihre erwarteten Einnahmen und Ausgaben für einen bestimmten Zeitraum darlegt. Durch die Erstellung eines Budgets können Sie Ressourcen effektiv zuweisen und sicherstellen, dass Sie über genügend Mittel verfügen, um Ihre Kosten zu decken. Wir werden später in diesem Kapitel tiefer auf die Budgetierung und Finanzplanung eingehen.

2. *Transaktionen aufzeichnen:* Führen Sie Aufzeichnungen über alle Ihre Finanztransaktionen, einschließlich Verkäufe, Ausgaben und Zahlungen. Dies hilft Ihnen, Ihren Cashflow zu überwachen und liefert ein klares Bild Ihrer finanziellen Gesundheit. Sie können Tools wie QuickBooks, Xero oder sogar Excel verwenden, um Ihre Transaktionen zu verfolgen.

3. *Konten abgleichen:* Gleichen Sie Ihre Konten regelmäßig ab, um sicherzustellen, dass Ihre Unterlagen mit Ihren

Kontoauszügen übereinstimmen. Dies hilft, etwaige Unstimmigkeiten zu erkennen und stellt sicher, dass Ihre Finanzdaten korrekt sind.

4. Finanzberichte analysieren: Überprüfen Sie Ihre Finanzberichte regelmäßig, um die Leistung Ihres Unternehmens zu verstehen. Zu den wichtigsten zu überwachenden Berichten gehören Ihre Gewinn- und Verlustrechnung, Ihre Bilanz und Ihre Kapitalflussrechnung. Diese Berichte geben Auskunft über Ihre Einnahmen, Ausgaben, Vermögenswerte, Verbindlichkeiten und die gesamte finanzielle Situation.

Einrichten von Zahlungsgateways

Die Einrichtung von Zahlungsgateways ist ein entscheidender Schritt bei der Verwaltung Ihrer Finanzen und der Gewährleistung eines reibungslosen Transaktionsprozesses für Ihre Kunden. Ein Zahlungsgateway ist ein Dienst, der Kreditkartenzahlungen für Online- und Offline-Unternehmen abwickelt. Es fungiert als Vermittler zwischen Ihrem Shopify-Shop und dem Zahlungsabwickler und stellt sicher, dass Transaktionen sicher und effizient abgewickelt werden.

Auswahl des richtigen Zahlungsgateways:

Berücksichtigen Sie bei der Auswahl eines Zahlungsgateways für Ihr Dropshipping-Geschäft die folgenden Faktoren:

- **Kompatibilität mit Shopify:** Stellen Sie sicher, dass das von Ihnen gewählte Zahlungsgateway mit Shopify kompatibel ist. Shopify unterstützt eine Vielzahl von Zahlungsgateways, darunter Shopify Payments, PayPal, Stripe und mehr.

- **Transaktions Gebühren:** Die mit der Nutzung verschiedener Zahlungskanäle verbundenen Gebühren variieren. Diese Gebühren können einen Prozentsatz des Transaktionsbetrags, eine Pauschalgebühr pro Transaktion oder beides umfassen. Vergleichen Sie die Gebühren verschiedener Zahlungsgateways, um eines zu finden, das einen wettbewerbsfähigen Tarif bietet.

- **Unterstützte Zahlungsmethoden:** Berücksichtigen Sie die Zahlungsmethoden, die das Gateway akzeptiert. Je mehr Optionen Sie anbieten, desto komfortabler wird es für Ihre Kunden. Zu den gängigen Zahlungsmethoden gehören Kredit- und Debitkarten, digitale Geldbörsen wie PayPal und Apple Pay sowie alternative Zahlungsmethoden wie Banküberweisungen und Kryptowährung.

- **Sicherheit:** Sicherheit ist bei der Abwicklung von Online-Transaktionen von entscheidender Bedeutung. Wählen Sie ein Zahlungsgateway, das robuste Sicherheitsfunktionen wie Verschlüsselung, Betrugserkennung und PCI-Konformität bietet.

- **Einfache Integration:** Das Zahlungsgateway sollte sich leicht in Ihren Shopify-Shop integrieren lassen. Die meisten großen Zahlungsgateways bieten Plugins oder Apps an, die den Integrationsprozess vereinfachen.

Einrichten von Zahlungsgateways auf Shopify:

Nachdem Sie sich für ein Zahlungsgateway entschieden haben, führen Sie die folgenden Schritte aus, um es in Ihrem Shopify-Shop einzurichten:

1. Greifen Sie auf die Zahlungseinstellungen zu: Melden Sie sich bei Ihrem Shopify-Admin-Panel an und navigieren Sie zu Einstellungen > Zahlungen.

2. Zahlungsgateway auswählen: Klicken Sie im Abschnitt „Zahlungsanbieter" auf „Anbieter auswählen" und wählen Sie Ihr bevorzugtes Zahlungsgateway aus der Liste aus. Wenn Sie Shopify Payments verwenden, können Sie es direkt auf dieser Seite aktivieren.

3. Zahlungsgateway konfigurieren: Befolgen Sie die Anweisungen, um Ihr Zahlungsgateway zu konfigurieren. Dies umfasst in der Regel die Eingabe Ihrer Kontodaten, API-Schlüssel und anderer notwendiger Informationen.

4. Testtransaktionen: Führen Sie vor der Live-Schaltung Testtransaktionen durch, um sicherzustellen, dass alles ordnungsgemäß funktioniert. Die meisten Zahlungsgateways verfügen zu diesem Zweck über einen Sandbox- oder Testmodus.

5. Live gehen: Sobald Sie bestätigt haben, dass das Zahlungsgateway ordnungsgemäß funktioniert, wechseln Sie in den Live-Modus und beginnen Sie mit der Annahme von Zahlungen Ihrer Kunden.

Budgetierung und Finanzplanung:

Eine effektive Budgetierung und Finanzplanung sind für den langfristigen Erfolg Ihres Dropshipping-Geschäfts unerlässlich. Ein gut ausgearbeitetes Budget hilft Ihnen, Ressourcen zuzuweisen, Ausgaben zu kontrollieren und zukünftiges Wachstum zu planen. Bei der Finanzplanung geht es darum, finanzielle Ziele festzulegen, Strategien zu deren Erreichung zu entwickeln und Ihre Fortschritte zu überwachen.

1. Budget erstellen: Bei der Erstellung eines Budgets müssen Sie Ihre Einnahmen und Ausgaben über einen bestimmten Zeitraum schätzen, normalerweise monatlich oder in Kategorien, die verschiedene Arten von Einnahmen, Ausgaben, Vermögenswerten, Verbindlichkeiten und Eigenkapital darstellen. Zu den gängigen Kategorien für ein Dropshipping-Unternehmen könnten Umsatzerlöse, Kosten der verkauften Waren, Marketingausgaben, Versandkosten und Softwareabonnements gehören.

2. Transaktionen aufzeichnen: Geben Sie alle Ihre Finanztransaktionen in Ihre Buchhaltungssoftware ein. Dazu gehören Verkäufe, Ausgaben, Bankeinzahlungen und -abhebungen. Mit den meisten Buchhaltungsprogrammen können Sie Ihr Bankkonto und Ihren Shopify-Shop für den automatischen Transaktionsimport verbinden, wodurch Sie Zeit sparen und Fehler reduzieren.

3. Konten abgleichen: Gleichen Sie Ihre Bank- und Kreditkartenabrechnungen regelmäßig mit Ihren Buchhaltungsunterlagen ab. Dies stellt sicher, dass Ihre Aufzeichnungen korrekt sind und hilft, etwaige

Unstimmigkeiten oder betrügerische Transaktionen zu erkennen.

4. Finanzberichte erstellen: Verwenden Sie Ihre Buchhaltungssoftware, um wichtige Finanzberichte wie Gewinn- und Verlustrechnung, Bilanz und Kapitalflussrechnung zu erstellen. Diese Berichte bieten wertvolle Einblicke in die finanzielle Lage Ihres Unternehmens und helfen Ihnen, fundierte Entscheidungen zu treffen.

Wichtige Finanzberichte verstehen:

Um Ihre Finanzen effektiv zu verwalten, ist es wichtig, die wichtigsten Finanzberichte Ihres Unternehmens zu verstehen. Hier ein kurzer Überblick über die wichtigsten Berichte:

- *Gewinn- und Verlustrechnung (P&L):* Die Gewinn- und Verlustrechnung, auch Gewinn- und Verlustrechnung genannt, zeigt die Einnahmen, Ausgaben und den Nettogewinn Ihres Unternehmens über einen bestimmten Zeitraum. Es hilft Ihnen zu verstehen, wie viel Geld Sie verdienen und wofür Sie es ausgeben.

- *Bilanz:* Die Bilanz zeigt den Finanzstatus Ihres Unternehmens zu einem bestimmten Zeitpunkt. Es listet Ihr Vermögen (was Sie besitzen), Ihre Verbindlichkeiten (was Sie schulden) und Ihr Eigenkapital (die Beteiligung des Eigentümers am Unternehmen) auf. Dieser Bericht hilft Ihnen, die finanzielle Stabilität und Liquidität Ihres Unternehmens zu verstehen.

- *Geldflussrechnung:* Die Kapitalflussrechnung zeigt die Zu- und Abflüsse von Zahlungsmitteln über einen bestimmten Zeitraum. Der Cashflow wird in drei Kategorien unterteilt: Betriebstätigkeit, Investitionstätigkeit und Finanzierungstätigkeit. Dieser Bericht hilft Ihnen zu verstehen, wie sich Bargeld in Ihrem Unternehmen bewegt, und potenzielle Cashflow-Probleme zu identifizieren.

Umgang mit Steuern und Compliance:

Die Einhaltung der Steuergesetze und -vorschriften ist ein entscheidender Aspekt bei der Verwaltung der Finanzen Ihres Dropshipping-Unternehmens. Hier sind einige wichtige Überlegungen zum Umgang mit Steuern und Compliance:

- *Umsatzsteuer-Compliance:* Wie bereits erwähnt, ist die Einhaltung der Umsatzsteuer für Dropshipping-Unternehmen von entscheidender Bedeutung. Stellen Sie sicher, dass Sie für Umsatzsteuergenehmigungen in den Staaten registriert sind, in denen Sie eine Anbindung haben, und erheben Sie regelmäßig Umsatzsteuern und überweisen Sie sie an die zuständigen Behörden.

- *Einkommenssteuer:* Abhängig von Ihrer Unternehmensstruktur müssen Sie Ihr Geschäftseinkommen in Ihrer persönlichen oder Körperschaftssteuererklärung angeben. Führen Sie genaue Aufzeichnungen über Ihre Einnahmen und Ausgaben, um die Steuervorbereitung zu vereinfachen und sicherzustellen, dass Sie alle zulässigen Abzüge geltend machen.

- **Geschätzte Steuern:** Wenn Sie selbstständig sind oder über ein beträchtliches Geschäftseinkommen verfügen, müssen Sie möglicherweise vierteljährlich geschätzte Steuerzahlungen an den IRS und die staatlichen Steuerbehörden leisten. Diese Zahlungen decken sowohl Ihre Einkommensteuer- als auch Ihre Selbstständigkeitssteuerschulden.

- **Steuerabzüge und -gutschriften:** Nutzen Sie die verfügbaren Steuerabzüge und -gutschriften, um Ihre Steuerschuld zu reduzieren. Zu den üblichen Abzügen für Dropshipping-Unternehmen gehören Home-Office-Kosten, Internet- und Telefonkosten, Software-Abonnements und geschäftliche Reisekosten.

- **Konsultieren Sie einen Steuerberater:** Erwägen Sie die Zusammenarbeit mit einem Steuerberater oder Buchhalter, um sicherzustellen, dass Sie die Steuergesetze und -vorschriften einhalten. Sie können Ihnen bei der Erstellung und Einreichung Ihrer Steuererklärungen helfen, Möglichkeiten zur Steuereinsparung identifizieren und Sie bei komplexen Steuerfragen beraten.

Finanzielle Best Practices:

Die Implementierung bewährter Finanzpraktiken kann Ihnen dabei helfen, die Finanzen Ihres Dropshipping-Unternehmens effektiver zu verwalten und langfristigen Erfolg zu erzielen. Hier sind einige Tipps, die Sie beachten sollten:

- **Getrennte geschäftliche und persönliche Finanzen:** Halten Sie Ihre geschäftlichen und persönlichen Finanzen getrennt, indem Sie ein eigenes Geschäftsbankkonto und eine

Kreditkarte eröffnen. Dies vereinfacht die Buchhaltung und trägt zum Schutz Ihres Privatvermögens bei.

- **Erstellen Sie einen Finanzplan:** Entwickeln Sie einen umfassenden Finanzplan, der Ihre Einkommensziele, Ausgabenprognosen und Wachstumsstrategien darlegt. Überprüfen und aktualisieren Sie Ihren Plan regelmäßig, um auf dem richtigen Weg zu bleiben.

- ***Überwachen Sie wichtige Kennzahlen:*** Verfolgen Sie wichtige Finanzkennzahlen wie Bruttogewinnmarge, Nettogewinnmarge und Kundenakquisekosten. Diese Kennzahlen bieten Einblicke in die Leistung Ihres Unternehmens und helfen Ihnen, datengesteuerte Entscheidungen zu treffen.

- ***Bauen Sie einen Notfallfonds auf:*** Legen Sie Geld auf einem Notfallsparkonto beiseite, um unerwartete Ausgaben oder Liquiditätsengpässe zu decken. Versuchen Sie, Betriebskosten im Wert von mindestens drei bis sechs Monaten einzusparen.

- ***Investieren Sie in Wachstum:*** Investieren Sie einen Teil Ihres Gewinns wieder in Ihr Unternehmen, um das Wachstum anzukurbeln. Dazu können Investitionen in Marketing, die Erweiterung Ihrer Produktlinie oder die Aktualisierung Ihrer Website und Technologie gehören.

- ***Holen Sie sich professionellen Rat:*** Zögern Sie nicht, sich von Finanzexperten wie Buchhaltern, Finanzberatern und Unternehmensberatern beraten zu lassen. Sie können wertvolle Erkenntnisse und Anleitungen liefern, die Ihnen dabei helfen, Ihre Finanzen effektiver zu verwalten.

Die Verwaltung der rechtlichen und finanziellen Aspekte Ihres Dropshipping-Geschäfts ist für den langfristigen Erfolg von entscheidender Bedeutung. Indem Sie Ihre Einnahmen und Ausgaben verstehen, effiziente Zahlungsgateways einrichten, ein detailliertes Budget erstellen und effektive Cashflow- und Buchhaltungspraktiken implementieren, können Sie dafür sorgen, dass Ihr Unternehmen finanziell gesund bleibt und alle erforderlichen Vorschriften einhält.

Wenn Sie sich die Zeit nehmen, Ihre Finanzen richtig zu verwalten, können Sie sich spätere potenzielle Kopfschmerzen und finanzielle Probleme ersparen. Es bietet außerdem eine solide Grundlage für Wachstum und hilft Ihnen, fundierte Entscheidungen zu treffen, die zum Erfolg Ihres Dropshipping-Geschäfts beitragen.

KAPITEL ACHT
Wichtige Herausforderungen und wie man sie meistert

Wie jedes unternehmerische Unterfangen bringt Dropshipping eine ganze Reihe von Herausforderungen mit sich. In diesem Kapitel gehen wir eingehend auf diese Herausforderungen ein und, was noch wichtiger ist, wie Sie sie meistern können. Denken Sie daran, dass jedes Hindernis eine versteckte Chance ist. Mit der richtigen Einstellung und den richtigen Strategien können Sie diese Herausforderungen in Sprungbretter zum Erfolg verwandeln.

Herausforderung 1: Zuverlässige Lieferanten finden

Eine der größten Hürden beim Dropshipping besteht darin, zuverlässige Lieferanten zu finden. Ihr Unternehmen ist in Bezug auf Lagerbestand, pünktlichen Versand und Produktqualität auf sie angewiesen. Ein schlechter Lieferant kann zu unzufriedenen Kunden führen und dem Ruf Ihres Geschäfts schaden.

So überwinden Sie es:

1. Forschungs- und Tierarztlieferanten:

- ***Überprüfen Sie die Bewertungen:*** Suchen Sie nach Bewertungen und Erfahrungsberichten von anderen Dropshippern. Plattformen wie AliExpress, Oberlo und Spocket verfügen über Bewertungen, die Ihnen Einblicke in die Zuverlässigkeit eines Anbieters geben können.

- **Muster bestellen**: Fordern Sie Produktmuster an, bevor Sie eine Entscheidung treffen.

So können Sie die Qualität aus erster Hand prüfen und sehen, wie lange der Versand dauert.

- **Kommunizieren:** Nehmen Sie Kontakt zu potenziellen Lieferanten auf und messen Sie deren Reaktionsfähigkeit. Ein guter Lieferant kommuniziert schnell und klar.

2. Nutzen Sie mehrere Lieferanten:

- Legen Sie nicht alle Eier in einen Korb. Durch den Einsatz mehrerer Lieferanten kann das Risiko gemindert werden, wenn einer der Lieferanten nicht liefert.

3. Beziehungen aufbauen:

- Der Aufbau einer guten Beziehung zu Ihren Lieferanten kann zu besseren Angeboten, bevorzugtem Versand und schnellerer Lösung von Problemen führen.

Herausforderung 2: Kundenerwartungen verwalten

Das Management der Kundenerwartungen ist beim Dropshipping von entscheidender Bedeutung, insbesondere da Sie weder den Lagerbestand noch den Versandprozess direkt kontrollieren.

So überwinden Sie es:

1. Klare Kommunikation:

   - ***Lieferzeiten:*** Seien Sie auf Ihren Produktseiten transparent über die Lieferzeiten. Dropshipping bringt oft längere Lieferzeiten mit sich und es ist wichtig, dass Ihre Kunden dies im Voraus wissen.

   - ***Produktbeschreibung:*** Stellen Sie sicher, dass Ihre Produktbeschreibungen genau und detailliert sind. Irreführende Beschreibungen können zu Retouren und unzufriedenen Kunden führen.

2. Proaktiver Kundenservice:

   - ***Reagieren Sie schnell:*** Bemühen Sie sich, Kundenanfragen innerhalb von 24 Stunden zu beantworten. Schnelle Antworten können ein potenzielles Problem in ein positives Kundenerlebnis verwandeln.

   - ***Nachverfolgen:*** Nehmen Sie nach dem Kauf Kontakt mit den Kunden auf, um zu bestätigen, dass sie ihr Produkt erhalten haben und zufrieden sind.

3. Setzen Sie realistische Erwartungen:

   - Unterversprechen und Überliefern. Es ist besser, den Kunden mitzuteilen, dass ihre Bestellung 15 Tage dauern wird und sie in 10 Tagen eintrifft, als umgekehrt.

Herausforderung 3: Bearbeitung von Retouren und Rückerstattungen

Retouren und Rückerstattungen gehören zu jedem Einzelhandelsgeschäft, können jedoch beim Dropshipping aufgrund der damit verbundenen Logistik eine besondere Herausforderung darstellen.

So überwinden Sie es:

1. Klare Rückgabebedingungen:

 - *Einfach und transparent:* Stellen Sie sicher, dass Ihre Rückgabebedingungen auf Ihrer Website leicht verständlich und zugänglich sind.

 - *Angemessener Zeitrahmen:* Bieten Sie einen angemessenen Zeitrahmen für die Rücksendung an (z. B. 30 Tage).

2. Effiziente Prozesse:

 - *Automatisieren:* Verwenden Sie Shopify-Apps, die dabei helfen können, den Rückgabeprozess zu automatisieren und ihn so für Sie und Ihre Kunden einfacher zu machen.

 - *Zusammenarbeit mit Lieferanten:* Stellen Sie sicher, dass Ihre Lieferanten über Rückgaberichtlinien verfügen und deren Bedingungen verstehen.

3. Kundenzentrierter Ansatz:

 - *Sei flexibel:* Manchmal lohnt es sich, für einen Kunden noch einen Schritt weiter zu gehen, auch wenn das bedeutet, dass Sie Ihre Rückgabebedingungen leicht anpassen müssen. Denn wer zufrieden ist, kommt mit größerer Wahrscheinlichkeit wieder.

Herausforderung 4: Wettbewerb und Preiskriege

Der Dropshipping-Markt ist hart umkämpft. Möglicherweise stehen Sie im Wettbewerb mit zahlreichen anderen Geschäften, die dieselben oder ähnliche Produkte verkaufen.

So überwinden Sie es:

1. Nische unten:

- **Finden Sie Ihre Nische:** Anstatt generische Produkte zu verkaufen, konzentrieren Sie sich auf eine bestimmte Nische. Dies kann Ihnen dabei helfen, eine spezifischere Zielgruppe anzusprechen und den Wettbewerb zu reduzieren.

- **Alleinstellungsmerkmal (USP):** Identifizieren Sie, was Ihr Geschäft auszeichnet. Das kann Ihre Produktauswahl, Ihr Kundenservice oder Ihr Branding sein.

2. Wert über Preis:

- **Bauen Sie Markentreue auf:** Bieten Sie Mehrwert durch hochwertige Inhalte, exzellenten Kundenservice und eine starke Markenidentität. Kunden sind im Allgemeinen bereit, mehr für eine Marke auszugeben, die sie kennen und der sie vertrauen.

- **Bündelung und Upselling:** Bieten Sie Produktpakete an oder verkaufen Sie ergänzende Produkte, um den durchschnittlichen Bestellwert zu erhöhen.

3. Marketingstrategien:

- **DAS:** Optimieren Sie Ihren Shop für Suchmaschinen, um organische Besucher zu generieren.

- **Sozialen Medien:** Nutzen Sie soziale Medien, um eine Community für Ihre Marke aufzubauen. Durch ansprechende Inhalte und regelmäßige Interaktion können Sie sich von der Masse abheben.

Herausforderung 5: Cashflow verwalten

Das Cashflow-Management ist in jedem Unternehmen von entscheidender Bedeutung. Beim Dropshipping kann es besonders schwierig sein, da Sie Ihre Lieferanten bezahlen müssen, bevor Sie die Zahlung von Ihren Kunden erhalten.

So überwinden Sie es:

1. Budgetierung und Prognose:

- **Ausgaben verfolgen:** Behalten Sie Ihre Ausgaben und Ihr Budget entsprechend im Auge.

- **Umsatzprognosen:** Nutzen Sie historische Daten, um Umsätze vorherzusagen und Spitzenzeiten zu planen.

2. Zahlungsgateways:

- **Mehrere Gateways:** Nutzen Sie mehrere Zahlungsgateways, um sicherzustellen, dass Sie Ihr Geld schnell erhalten und das Risiko von Zahlungsproblemen verringern.

- *Vorauszahlungen:* Erwägen Sie, bei größeren Bestellungen eine Vorauszahlung zu verlangen.

3. Kreditoptionen:

- *Geschäftskreditkarte:* Verwenden Sie eine Geschäftskreditkarte für Lieferantenzahlungen, um den Cashflow besser zu verwalten und Prämien zu verdienen.

- *Kurzfristige Kredite:* Erkunden Sie bei Bedarf kurzfristige Finanzierungsmöglichkeiten, nutzen Sie diese jedoch mit Bedacht, um Schulden zu vermeiden.

Herausforderung 6: Bleiben Sie über Markttrends auf dem Laufenden

Die E-Commerce- und Dropshipping-Landschaft entwickelt sich ständig weiter. Um wettbewerbsfähig zu bleiben und die Anforderungen der Kunden zu erfüllen, ist es wichtig, über Markttrends auf dem Laufenden zu bleiben.

So überwinden Sie es:

1. Kontinuierliches Lernen:

- *Online-Kurse und Webinare:* Investieren Sie in Ihre Ausbildung, indem Sie Online-Kurse belegen und an Webinaren zu E-Commerce und digitalem Marketing teilnehmen.

- ***Branchenblogs und Podcasts:*** Verfolgen Sie Branchenblogs und Podcasts, um über die neuesten Trends und Best Practices informiert zu bleiben.

2. Kundenfeedback:

  - ***Umfragen und Bewertungen:*** Holen Sie durch Umfragen und Bewertungen regelmäßig Feedback von Ihren Kunden ein. Ihre Erkenntnisse können Ihnen helfen, sich zu verbessern und sich an ihre Bedürfnisse anzupassen.

  - ***Engagement:*** Interagieren Sie über soziale Medien und E-Mail-Marketing mit Ihren Kunden, um deren Vorlieben und Erwartungen zu verstehen.

3. Konkurrenzanalyse:

  - ***Überwachen Sie Konkurrenten:*** Behalten Sie Ihre Konkurrenten im Auge, um zu sehen, was sie gut machen, und identifizieren Sie Bereiche, in denen Sie sich von der Konkurrenz abheben können.

  - ***Benchmarking:*** Nutzen Sie Tools zur Konkurrenzanalyse, um Ihre Leistung mit Branchenstandards zu vergleichen.

Herausforderung 7: Vertrauen und Glaubwürdigkeit aufbauen

Vertrauen und Glaubwürdigkeit sind im E-Commerce von entscheidender Bedeutung. Da Kunden die Produkte nicht physisch inspizieren können, müssen sie darauf vertrauen können, dass sie das erhalten, was sie bestellt haben.

So überwinden Sie es:

1. Professionelle Website:

   - **Design und Benutzerfreundlichkeit:** Investieren Sie in ein professionelles Website-Design, das einfach zu navigieren und optisch ansprechend ist.

   - **Vertrauenssignale:** Zeigen Sie Vertrauenssignale wie sichere Zahlungssymbole, Kundenbewertungen und Vertrauensabzeichen an.

2. Kundenrezensionen und Erfahrungsberichte:

   - **Sammeln und Ausstellen:** Sammeln Sie aktiv Kundenrezensionen und Erfahrungsberichte und zeigen Sie diese auf Ihrer Website an.

   - **Auf Bewertungen antworten:** Reagieren Sie sowohl auf positive als auch auf negative Bewertungen, um zu zeigen, dass Sie Kundenfeedback schätzen.

3. Transparenz:

   - **Über uns-Seite:** Erstellen Sie eine überzeugende „Über uns"-Seite, die die Geschichte Ihrer Marke erzählt und eine Verbindung zu Ihren Kunden aufbaut.

   - **Klare Richtlinien:** Stellen Sie sicher, dass Ihre Versand-, Rückgabe- und Datenschutzrichtlinien klar und leicht zu finden sind.

Herausforderung 8: Skalieren Sie Ihr Unternehmen

Die Skalierung Ihres Dropshipping-Geschäfts kann eine Herausforderung sein, insbesondere wenn Sie steigende Bestellungen, Kundenservice und Marketingbemühungen verwalten müssen.

So überwinden Sie es:

1. Automatisierung:

- ***Tools und Apps:*** Nutzen Sie Automatisierungstools und Apps, um die Auftragsabwicklung, Bestandsverwaltung und den Kundenservice zu optimieren.

- ***E-Mail Marketing:*** Automatisieren Sie Ihre E-Mail-Marketingkampagnen, um Leads zu fördern und Wiederholungskäufe zu fördern.

2. Outsourcing:

- ***Virtuelle Assistenten:*** Stellen Sie virtuelle Assistenten ein, um wiederkehrende Aufgaben wie Kundenbetreuung und Auftragsabwicklung zu erledigen.

- ***Freiberufler:*** Arbeiten Sie mit Freiberuflern für spezielle Aufgaben wie Grafikdesign, Inhaltserstellung und Social-Media-Management zusammen.

3. Effizienter Betrieb:

- ***Standardarbeitsanweisungen (SOPs):*** Erstellen Sie SOPs für Ihre Geschäftsprozesse, um Konsistenz und Effizienz sicherzustellen.

- *Leistungskennzahlen:* Verfolgen Sie wichtige Leistungskennzahlen, um Verbesserungsmöglichkeiten zu identifizieren und Ihren Fortschritt zu messen.

Herausforderung 9: Rechts- und Compliance-Fragen

Die Bewältigung rechtlicher und Compliance-Fragen kann beim Dropshipping komplex sein, insbesondere wenn es um internationale Lieferanten und Kunden geht.

So überwinden Sie es:

1. Vorschriften recherchieren und verstehen:

- *Lokale und internationale Gesetze:* Informieren Sie sich über die Gesetze und Vorschriften, die für Ihr Unternehmen gelten, sowohl lokal als auch international.

- *Steuern und Zölle:* Verstehen Sie die steuerlichen und zollrechtlichen Auswirkungen des Verkaufs in verschiedene Länder.

2. Professionelle Beratung:

- *Rechts- und Buchhaltungsexperten:* Wenden Sie sich an Rechts- und Buchhaltungsexperten, um sicherzustellen, dass Ihr Unternehmen alle relevanten Vorschriften einhält.

- *Geschäftsbedingungen:* Erstellen Sie klare Geschäftsbedingungen, Datenschutzrichtlinien und andere rechtliche Dokumente für Ihre Website.

3. Schützen Sie Ihr Unternehmen:

- **Versicherung:** Erwägen Sie den Abschluss einer Unternehmensversicherung, um sich vor potenziellen Verbindlichkeiten und Risiken zu schützen.

- **Geistiges Eigentum:** Schützen Sie Ihr geistiges Eigentum, indem Sie Ihre Marke und Produkte gegebenenfalls markenrechtlich schützen.

Herausforderung 10: Umgang mit Betrug und Rückbuchungen

Betrug und Rückbuchungen können ein erhebliches Problem im E-Commerce sein und zu finanziellen Verlusten und potenziellen Rufschädigungen für Ihr Unternehmen führen.

So überwinden Sie es:

1. Maßnahmen zur Betrugsprävention:

- **Sichere Zahlungsgateways:** Nutzen Sie vertrauenswürdige und sichere Zahlungsgateways, die Funktionen zum Schutz vor Betrug bieten.

- **Verifizierungsschritte:** Implementieren Sie zusätzliche Verifizierungsschritte, wie z. B. Adressverifizierung und CVV-Prüfungen, um betrügerische Transaktionen zu reduzieren.

2. Transaktionen überwachen:

- **Regelmäßige Überwachung:** Überwachen Sie Transaktionen regelmäßig auf verdächtige Aktivitäten. Achten Sie auf Warnsignale wie nicht übereinstimmende Rechnungs- und Lieferadressen oder ungewöhnlich große Bestellungen.

- **Tools zur Betrugserkennung:** Nutzen Sie Tools und Dienste zur Betrugserkennung, die dabei helfen können, betrügerische Transaktionen zu erkennen und zu verhindern.

3. Klare Rückerstattungsrichtlinien:

- **Detaillierte Richtlinien:** Stellen Sie Ihre Rückerstattungs- und Rückbuchungsrichtlinien auf Ihrer Website klar dar, um die Erwartungen der Kunden zu wecken.

- **Streitbeilegung:** Seien Sie darauf vorbereitet, Rückbuchungen effektiv zu verwalten und anzufechten. Führen Sie gründliche Aufzeichnungen über Transaktionen und die Kommunikation mit Kunden, um Ihren Fall bei Bedarf zu unterstützen.

Herausforderung 11: Work-Life-Balance aufrechterhalten

Der Betrieb eines Dropshipping-Geschäfts kann zeitaufwändig und anspruchsvoll sein, sodass es schwierig ist, eine gesunde Work-Life-Balance aufrechtzuerhalten.

So überwinden Sie es:

1. Zeitmanagement:

- **Prioritäten setzen:** Priorisieren Sie Aufgaben nach Wichtigkeit und Dringlichkeit. Konzentrieren Sie sich auf wirkungsvolle Aktivitäten, die das Wachstum fördern.

- **Verwenden Sie Tools:** Nutzen Sie Produktivitätstools und Apps, um Ihre Zeit effektiv zu verwalten und organisiert zu bleiben.

2. Delegation:

- **Aufgaben delegieren:** Delegieren Sie Aufgaben an Teammitglieder oder lagern Sie Aufgaben an Freiberufler und virtuelle Assistenten aus. Konzentrieren Sie sich auf die strategischen Aspekte Ihres Unternehmens, während andere Routineaufgaben erledigen.

- **Systeme erstellen:** Entwickeln Sie Systeme und Prozesse, die einen reibungslosen Betrieb Ihres Unternehmens ermöglichen, auch wenn Sie nicht direkt beteiligt sind.

3. Selbstfürsorge:

-**Grenzen setzen:** Definieren Sie klare Grenzen zwischen beruflicher und privater Zeit. Planen Sie regelmäßige Pausen und Ausfallzeiten zum Auftanken ein.

- **Gesunde Gewohnheiten:** Behalten Sie gesunde Gewohnheiten wie regelmäßige Bewegung, richtige Ernährung und ausreichend Schlaf bei, um energiegeladen und konzentriert zu bleiben.

Herausforderung 12: Anpassung an technologische Veränderungen

Die Technologielandschaft entwickelt sich ständig weiter und es kann eine Herausforderung sein, über die neuesten Tools und

Trends auf dem Laufenden zu bleiben, ist aber für den Erfolg Ihres Unternehmens von entscheidender Bedeutung.

So überwinden Sie es:

1. Kontinuierliches Lernen:

   - *Bleib informiert:* Verfolgen Sie Branchenblogs, nehmen Sie an Webinaren teil und nehmen Sie an Online-Foren teil, um über die neuesten technologischen Fortschritte auf dem Laufenden zu bleiben.

   - *Online Kurse:* Melden Sie sich für Online-Kurse und Schulungsprogramme an, um Ihre Fähigkeiten und Kenntnisse im Bereich E-Commerce und digitales Marketing zu erweitern.

2. Experimentieren:

   - *Testen Sie neue Tools:* Scheuen Sie sich nicht, neue Tools und Technologien zu testen, die Ihre Abläufe optimieren oder Ihr Kundenerlebnis verbessern könnten.

   - *Ergebnisse analysieren:* Analysieren Sie kontinuierlich die Ergebnisse Ihrer Experimente, um herauszufinden, was für Ihr Unternehmen am besten funktioniert.

3. Netzwerken Sie mit Gleichgesinnten:

   - *Treten Sie Communities bei:* Treten Sie E-Commerce- und Dropshipping-Communitys bei, um sich mit Kollegen zu vernetzen, Erfahrungen auszutauschen und von anderen zu lernen.

   - *Besuchen Sie Veranstaltungen:* Nehmen Sie an Branchenkonferenzen und Veranstaltungen teil, um mit

Experten in Kontakt zu treten und über die neuesten Trends und Technologien auf dem Laufenden zu bleiben.

Herausforderung 13: Effektives Marketing

Effektives Marketing ist entscheidend, um Kunden zu gewinnen und den Umsatz anzukurbeln. Bei so vielen verfügbaren Marketingkanälen kann es jedoch überwältigend sein, herauszufinden, worauf Sie Ihre Bemühungen konzentrieren sollten.

So überwinden Sie es:

1. Verstehen Sie Ihr Publikum:

  - **Kunden-Personas:** Entwickeln Sie detaillierte Kundenpersönlichkeiten, um die Bedürfnisse, Vorlieben und Verhaltensweisen Ihrer Zielgruppe zu verstehen.

  - **Marktforschung**: Führen Sie Marktforschung durch, um Erkenntnisse über Ihr Publikum und Ihre Konkurrenten zu gewinnen.

2. Multi-Channel-Ansatz:

-Diversifizieren Sie Ihre Kanäle: Verlassen Sie sich nicht nur auf einen Marketingkanal. Nutzen Sie eine Kombination aus Kanälen wie Social Media, E-Mail-Marketing, SEO und bezahlter Werbung, um ein breiteres Publikum zu erreichen.

  - **Konsistentes Branding:** Sorgen Sie für ein einheitliches Branding und Messaging über alle Marketingkanäle hinweg, um Markenbekanntheit und Vertrauen aufzubauen.

3. Analysieren und optimieren:

- *Streckenleistung:* Verwenden Sie Analysetools, um die Leistung Ihrer Marketingkampagnen zu verfolgen und herauszufinden, was am besten funktioniert.

- *Ständige Verbesserung:* Optimieren Sie Ihre Marketingstrategien kontinuierlich auf der Grundlage von Daten und Feedback, um Ergebnisse und ROI zu verbessern.

Herausforderung 14: Bestandsverwaltung

Obwohl Sie beim Dropshipping keinen physischen Lagerbestand führen, ist eine effektive Bestandsverwaltung dennoch von entscheidender Bedeutung, um die Produktverfügbarkeit sicherzustellen und Fehlbestände zu verhindern.

So überwinden Sie es:

1. Synchronisierung mit Lieferanten:

- *Echtzeit-Updates:* Verwenden Sie Tools, die Ihr Geschäft mit dem Bestand Ihrer Lieferanten synchronisieren, um Echtzeit-Updates zu den Lagerbeständen zu erhalten.

- *Warnsysteme:* Richten Sie Warnsysteme ein, die Sie benachrichtigen, wenn der Lagerbestand niedrig ist oder Produkte wieder vorrätig sind.

2. Sortimentsmanagement:

- *Verkaufsdaten analysieren:* Analysieren Sie regelmäßig Verkaufsdaten, um die meistverkauften Produkte zu identifizieren und sich auf deren Werbung zu konzentrieren.

- **Saisonale Trends:** Achten Sie auf saisonale Trends und passen Sie Ihr Sortiment entsprechend der Kundennachfrage an.

3. Backup-Anbieter:

- **Mehrere Quellen:** Halten Sie Ersatzlieferanten für Ihre meistverkauften Produkte bereit, um eine kontinuierliche Verfügbarkeit sicherzustellen.

- **Regelmäßige Kommunikation:** Halten Sie regelmäßige Kommunikation mit Ihren Lieferanten aufrecht, um über Lagerbestände und potenzielle Probleme auf dem Laufenden zu bleiben.

Herausforderung 15: Aufbau einer starken Marke

In einem wettbewerbsintensiven Markt ist der Aufbau einer starken Marke, die bei Ihrer Zielgruppe Anklang findet, für Differenzierung und langfristigen Erfolg von entscheidender Bedeutung.

So überwinden Sie es:

1. Markenidentität:

- **Definieren Sie Ihre Marke:** Beschreiben Sie klar und deutlich die Mission, Vision, Werte und das Alleinstellungsmerkmal Ihrer Marke.

- **Visuelle Identität:** Erstellen Sie eine einheitliche visuelle Identität für Ihre Marke, einschließlich eines Logos, eines

Farbschemas und einer Typografie, die ihre Persönlichkeit widerspiegelt.

2. Konsistente Nachrichtenübermittlung:

- ***Stimme und Ton:*** Schaffen Sie eine einheitliche Markenstimme und einen einheitlichen Ton über alle Kommunikationskanäle hinweg.

- ***Geschichtenerzählen:*** Nutzen Sie Storytelling, um eine emotionale Verbindung zu Ihrem Publikum herzustellen und eine starke Markenerzählung aufzubauen.

3. Kundenerfahrung:

- ***Außergewöhnlicher Service:*** Bieten Sie an jedem Berührungspunkt außergewöhnlichen Kundenservice, um Vertrauen und Loyalität aufzubauen.

- ***Markenbotschafter:*** Ermutigen Sie zufriedene Kunden, Markenbotschafter zu werden, indem Sie ihre positiven Erfahrungen und Bewertungen teilen.

Dropshipping auf Shopify ist eine Reise voller Herausforderungen, aber jede Herausforderung bietet eine Chance für Wachstum und Verbesserung. Indem Sie diese Herausforderungen proaktiv angehen und die in diesem Kapitel beschriebenen Strategien umsetzen, können Sie sich effektiver in der Dropshipping-Landschaft zurechtfinden und ein erfolgreiches Online-Geschäft aufbauen. Denken Sie daran, dass Ausdauer und Anpassungsfähigkeit der Schlüssel sind. Nehmen Sie den Lernprozess an, bleiben Sie Ihren Zielen treu und verfeinern Sie Ihren Ansatz weiter, während Sie mehr Erfahrung sammeln.

KAPITEL NEUN
Zukünftige Trends und Strategien

Anpassung an sich ändernde E-Commerce-Trends

E-Commerce ist ein dynamisches Feld und die Fähigkeit, sich an neue Trends anzupassen, ist ein wesentlicher Faktor für Ihren Erfolg. Hier sind einige wichtige Trends, die Sie im Auge behalten sollten, und Strategien, die Ihnen bei der Anpassung helfen.

Trend 1: Der Aufstieg des Mobile Commerce

Viel mehr Menschen kaufen und tätigen Einkäufe über ihr Smartphone als je zuvor. Mobile Commerce oder M-Commerce ist ein Trend, der anhalten wird.

So passen Sie sich an:

1. Mobile-First-Design:

   - Stellen Sie sicher, dass Ihr Shopify-Shop für Mobilgeräte geeignet ist. Verwenden Sie Responsive Design, um sicherzustellen, dass Ihre Website auf allen Geräten hervorragend aussieht und ordnungsgemäß funktioniert.

   - Vereinfachen Sie die Navigation und minimieren Sie Ladezeiten, um das mobile Einkaufserlebnis zu verbessern.

2. Mobile Zahlungsoptionen:

- Integrieren Sie mobile Zahlungsoptionen wie Apple Pay, Google Pay und andere digitale Geldbörsen, um den Checkout für mobile Benutzer reibungslos zu gestalten.

3. Für die Sprachsuche optimieren:

   - Mit dem Aufkommen von Sprachassistenten kann die Optimierung Ihres Shops für die Sprachsuche dazu beitragen, mehr mobilen Traffic zu generieren. Verwenden Sie in Ihren Produktbeschreibungen und FAQs natürliche Sprache und Long-Tail-Keywords.

Trend 2: Personalisierung und Kundenerlebnis

Personalisierte Einkaufserlebnisse werden zur Norm. Kunden erwarten von Einzelhändlern, dass sie ihre Vorlieben verstehen und maßgeschneiderte Empfehlungen anbieten.

So passen Sie sich an:

1. Datengesteuerte Personalisierung:

   - Nutzen Sie Kundendaten, um Produktempfehlungen, E-Mail-Marketingkampagnen und gezielte Anzeigen zu personalisieren.

   - Segmentieren Sie Ihre Zielgruppe anhand ihres Verhaltens, ihrer Vorlieben und ihrer Kaufhistorie, um relevante Inhalte bereitzustellen.

2. KI und maschinelles Lernen:

- Nutzen Sie KI- und maschinelle Lerntools, um Kundendaten zu analysieren und die Personalisierung in großem Maßstab zu automatisieren.

   - Implementieren Sie Chatbots, um personalisierten Kundensupport zu bieten und die Reaktionszeiten zu verbessern.

3. Verbessertes Kundenerlebnis:

- Konzentrieren Sie sich darauf, an allen Kontaktpunkten ein großartiges Kundenerlebnis zu bieten. Von der einfachen Navigation bis zum schnellen Support – bei jedem Aspekt Ihres Shops sollte der Kunde im Vordergrund stehen.

Trend 3: Nachhaltiges und ethisches Einkaufen

Verbraucher sind sich ihrer Auswirkungen auf die Umwelt zunehmend bewusst und suchen nach nachhaltigen und ethisch einwandfreien Produkten.

So passen Sie sich an:

1. Nachhaltige Produkte:

   - Beschaffung und Angebot umweltfreundlicher und nachhaltiger Produkte. Integrieren Sie diese Produkte in Ihr Geschäft und Ihre Marketingmaterialien.

   - Arbeiten Sie mit Lieferanten zusammen, die ethische Praktiken und Umweltstandards einhalten.

2. Transparenz:

- Seien Sie transparent über Ihre Beschaffungs- und Herstellungsprozesse. Teilen Sie Ihre Nachhaltigkeitsbemühungen und Zertifizierungen mit Ihren Kunden.

- Nutzen Sie eine klare und ehrliche Kommunikation, um Vertrauen bei Ihrem Publikum aufzubauen.

3. Reduzieren Sie den CO_2-Fußabdruck:

- Bieten Sie klimaneutrale Versandoptionen an und erwägen Sie, Ihren CO_2-Fußabdruck durch Initiativen wie Baumpflanzungen oder Investitionen in erneuerbare Energien auszugleichen.

- Ermutigen Sie Kunden, umweltfreundliche Entscheidungen zu treffen, indem Sie Anreize für die Wahl nachhaltiger Produkte oder Versandoptionen schaffen.

Trend 4: Social Commerce

Social-Media-Plattformen werden zu leistungsstarken Vertriebskanälen mit Funktionen wie einkaufbaren Beiträgen und integrierten Checkouts.

So passen Sie sich an:

1. Kaufbare Beiträge:

- Nutzen Sie Plattformen wie Instagram und Facebook, um einkaufbare Beiträge zu erstellen, die es Kunden ermöglichen, Produkte direkt über Ihre Social-Media-Profile zu kaufen.

- Aktualisieren Sie Ihre Social-Media-Konten regelmäßig mit ansprechenden Inhalten und Produktpräsentationen.

2. Live-Shopping:

- Experimentieren Sie mit Live-Shopping-Events auf Plattformen wie Facebook Live oder Instagram Live. Präsentieren Sie Ihre Produkte in Echtzeit und interagieren Sie mit Ihrem Publikum, um den Umsatz zu steigern.

- Nutzen Sie Live-Streams, um Produktfunktionen zu demonstrieren, Fragen zu beantworten und exklusive Angebote anzubieten.

Erkundung neuer Möglichkeiten und Plattformen

Während sich die E-Commerce-Landschaft weiterentwickelt, entstehen neue Möglichkeiten und Plattformen. Wenn Sie diesen Möglichkeiten gegenüber offen bleiben, können Sie Ihr Geschäft ausbauen und neue Märkte erschließen.

Chance 1: Expansion in internationale Märkte

Der globale E-Commerce wächst und die Expansion in internationale Märkte kann Ihren Kundenstamm erheblich vergrößern.

So erkunden Sie:

1. Lokalisierte Websites:

   - Erstellen Sie lokalisierte Versionen Ihres Shopify-Shops, um verschiedene Regionen abzudecken. Übersetzen Sie Ihre Website und Produktbeschreibungen in die Landessprache.

   - Passen Sie Ihre Marketingstrategien an die Kultur- und Kaufpräferenzen jedes Marktes an.

2. Internationaler Versand:

   - Arbeiten Sie mit zuverlässigen internationalen Versanddienstleistern zusammen, um eine pünktliche Lieferung sicherzustellen.

   - Kommunizieren Sie internationale Kunden klar und deutlich über Lieferzeiten, Kosten und mögliche Zollgebühren.

3. Marktforschung:

   - Führen Sie eine gründliche Marktforschung durch, um Regionen mit hohem Potenzial zu identifizieren und lokale Wettbewerber zu verstehen.

   - Passen Sie Ihr Produktangebot an die Bedürfnisse und Vorlieben internationaler Kunden an.

Chance 2: Neue Technologien nutzen

Wenn Sie dem technologischen Fortschritt immer einen Schritt voraus sind, können Sie sich einen Wettbewerbsvorteil verschaffen und Ihre betriebliche Effizienz verbessern.

So erkunden Sie:

1. Augmented Reality (AR):

   - Implementieren Sie AR-Funktionen, damit Kunden Produkte vor dem Kauf in ihrer Umgebung visualisieren können.

   - Nutzen Sie AR für virtuelle Anproben, insbesondere von Mode und Accessoires, um das Einkaufserlebnis zu verbessern.

2. Blockchain-Technologie:

   - Entdecken Sie den Einsatz von Blockchain für Transparenz in der Lieferkette und sichere Transaktionen.

   - Blockchain kann das Vertrauen stärken, indem es überprüfbare Informationen über Produktherkunft und Herstellungsprozesse bereitstellt.

3. Künstliche Intelligenz (KI):

   - Nutzen Sie KI-gestützte Tools für die Bestandsverwaltung, Bedarfsprognose und Kundendienstautomatisierung.

   - Implementieren Sie KI-Chatbots, um Kunden sofortigen Support und personalisierte Empfehlungen zu bieten.

Chance 3: Abonnementbasierte Modelle

Abonnementbasierte Modelle können eine stetige Einnahmequelle bieten und die Kundenbindung erhöhen.

So erkunden Sie:

1. Abo-Boxen:

- Bieten Sie kuratierte Abonnementboxen an, die den Kunden regelmäßig eine Auswahl an Produkten liefern.

- Personalisieren Sie Abonnementboxen basierend auf Kundenpräferenzen und früheren Einkäufen.

2. *Mitgliedschaftsprogramme:*

- Erstellen Sie Mitgliedschaftsprogramme, die exklusive Vorteile wie Rabatte, frühen Zugriff auf neue Produkte und kostenlosen Versand bieten.

- Ermutigen Sie Kunden zum Beitritt, indem Sie den Wert und die Ersparnisse hervorheben, die sie erhalten.

3. *Automatisierte Nachbestellung:*

- Implementieren Sie automatisierte Nachbestelloptionen für Verbrauchsartikel. Ermöglichen Sie Kunden, wiederkehrende Bestellungen für Artikel einzurichten, die sie regelmäßig kaufen.

- Bieten Sie Anreize wie Rabatte oder kostenlosen Versand für Kunden, die sich für die automatische Nachbestellung entscheiden.

Chance 4: Diversifizierung der Vertriebskanäle

Es kann unsicher sein, sich nur auf einen Vertriebskanal zu verlassen. Durch die Diversifizierung Ihrer Vertriebskanäle können Sie ein breiteres Publikum erreichen und die Abhängigkeit von einer Plattform verringern.

So erkunden Sie:

1. Marktplätze:

- Listen Sie Ihre Produkte auf beliebten Marktplätzen wie Amazon, eBay und Etsy auf, um mehr Kunden zu erreichen.

- Optimieren Sie Ihre Produktlisten für jeden Marktplatz, um Sichtbarkeit und Verkäufe zu verbessern.

2. Soziale Medien:

- Verkaufen Sie direkt auf Social-Media-Plattformen mithilfe der integrierten Einkaufsfunktionen.

- Nutzen Sie Social-Media-Anzeigen, um den Traffic in Ihrem Geschäft zu steigern und die Conversions zu steigern.

3. Physische Pop-Up-Shops:

- Erwägen Sie die Einrichtung physischer Pop-up-Shops oder die Teilnahme an lokalen Märkten, um ein greifbares Einkaufserlebnis zu schaffen.

- Nutzen Sie diese Möglichkeiten, um persönlich mit Kunden in Kontakt zu treten und die Markenbekanntheit zu steigern.

Chance 5: Nutzung von Datenanalysen

Daten sind ein leistungsstarkes Werkzeug, um fundierte Entscheidungen zu treffen und Ihre Geschäftsstrategien zu verbessern.

So erkunden Sie:

1. Kundeneinblicke:

- Nutzen Sie Datenanalysetools, um Erkenntnisse über Kundenverhalten, Vorlieben und Kaufmuster zu gewinnen.

- Segmentieren Sie Ihre Zielgruppe anhand von Daten, um gezielte Marketingkampagnen und personalisierte Erlebnisse zu erstellen.

2. *Verkaufsleistung:*

- Analysieren Sie Verkaufsdaten, um Trends, meistverkaufte Produkte und Verbesserungsmöglichkeiten zu identifizieren.

- Nutzen Sie diese Informationen, um Ihre Lager-, Preis- und Marketingstrategien zu optimieren.

Abschluss

Da sich die Dropshipping-Welt ständig weiterentwickelt, ist es für den Erhalt und das Wachstum Ihres Unternehmens von entscheidender Bedeutung, informiert und anpassungsfähig zu bleiben. Indem Sie neue Trends aufgreifen und sich bietende Chancen erkunden, können Sie sich auf dem wettbewerbsintensiven E-Commerce-Markt für langfristigen Erfolg positionieren. Denken Sie daran, dass die Zukunft des Dropshipping rosig ist und Sie mit den richtigen Strategien die Veränderungen meistern und in dieser dynamischen Branche erfolgreich sein können. Lernen Sie weiter, experimentieren Sie und entwickeln Sie Innovationen, um immer einen Schritt voraus zu sein und ein belastbares und profitables Dropshipping-Geschäft aufzubauen.

KAPITEL ZEHN
Wie Sie in Ihrem Dropshipping-Geschäft erfolgreich sind

Überprüfen Sie Ihren Texter

Ihr Texter ist maßgeblich daran beteiligt, Ihre Markenbotschaft zu vermitteln, Ihr Publikum anzusprechen und den Umsatz anzukurbeln. So stellen Sie sicher, dass Sie die ideale Person für den Job finden:

Die Rolle eines Texters verstehen

Ein Texter erstellt den Text für Ihre Website, Produktbeschreibungen, E-Mail-Kampagnen, Anzeigen und mehr. Ihre Worte können über Ihr Verkaufsargument entscheiden.

Hauptverantwortlichkeiten:

- *Produktbeschreibung:* Erstellen Sie überzeugende und informative Produktbeschreibungen, die Funktionen und Vorteile hervorheben.

- *Website-Kopie:* Verfassen Sie ansprechende Inhalte für Ihre Homepage, Ihre About-Seite und andere wichtige Bereiche Ihrer Website.

- **Marketing-Materialien:** Erstellen überzeugender Texte für E-Mail-Marketing, soziale Medien und Werbekampagnen.

- **SEO-Optimierung:** Sicherstellen, dass Inhalte für Suchmaschinen optimiert sind, um den organischen Traffic zu steigern.

Potenzielle Texter finden

Um einen kompetenten Texter zu finden, müssen Sie wissen, wo und worauf Sie achten müssen.

Wo Sie Texter finden:

- **Freiberufliche Plattformen:** Auf Websites wie Upwork, Freelancer und Fiverr stehen zahlreiche freiberufliche Texter zum Mieten zur Verfügung.

- **Content-Agenturen:** Erwägen Sie die Zusammenarbeit mit Content-Agenturen, die sich auf das Verfassen von E-Commerce-Texten spezialisiert haben.

- **Professionelle Netzwerke:** LinkedIn und andere professionelle Netzwerke können hervorragende Orte sein, um erfahrene Texter zu finden.

- **Empfehlungen:** Bitten Sie Ihr Netzwerk oder andere E-Commerce-Unternehmer um Empfehlungen.

Bewertung von Textern

Sobald Sie eine Liste potenzieller Kandidaten haben, ist es an der Zeit, deren Eignung für Ihr Unternehmen zu bewerten.

Portfolio-Überprüfung:

- **Relevanz:** Suchen Sie nach Beispielen ihrer Arbeit, die für E-Commerce und Ihre spezifische Nische relevant sind.

- **Qualität:** Bewerten Sie die Qualität ihres Schreibens. Ist es ansprechend, klar und überzeugend? Entspricht es dem Ton, den Sie für Ihre Marke wünschen?

- **Ergebnisse:** Überprüfen Sie, ob ihre Kopie zu Ergebnissen geführt hat, wie z. B. höheren Umsätzen oder höherem Engagement.

Fähigkeiten und Kompetenzen:

- **SEO-Wissen:** Stellen Sie sicher, dass sie SEO-Grundsätze verstehen und Inhalte für Suchmaschinen optimieren können.

- **Marketingaffin:** Ein guter Texter sollte über fundierte Kenntnisse der Marketingprinzipien verfügen und wissen, wie er seine Zielgruppe anspricht.

- **Anpassungsfähigkeit:** Sie sollten in der Lage sein, ihren Schreibstil an die Stimme und den Ton Ihrer Marke anzupassen.

Testprojekt:

- **Beispielarbeit:** Erwägen Sie, sie zu bitten, ein kleines, kostenpflichtiges Testprojekt durchzuführen. Dies kann eine Produktbeschreibung oder ein kurzer Blogbeitrag sein.

- **Rückmeldung:** Geben Sie Feedback zu ihrer Testarbeit und sehen Sie, wie sie reagieren. Sind sie offen für Überarbeitungen und Vorschläge?

Kommunikation:

- **Empfänglichkeit:** Bewerten Sie ihre Kommunikationsfähigkeiten. Sind sie aufgeschlossen und leicht zu erreichen?

- **Professionalität:** Achten Sie auf Professionalität in ihren E-Mails und Interaktionen. Dies kann ein Hinweis auf ihre Arbeitsmoral sein.

Überprüfen Sie Ihren Designer

Ein erfahrener Designer kann Ihr Geschäft optisch ansprechend und benutzerfreundlich gestalten. So finden Sie den richtigen Designer für Ihr Dropshipping-Geschäft.

Die Rolle eines Designers verstehen

Ein Designer ist für die visuellen Elemente Ihres Geschäfts verantwortlich, einschließlich Layout, Farbschema, Typografie und Gesamtästhetik.

Hauptverantwortlichkeiten:

- **Website design:** Erstellen eines optisch ansprechenden und funktionalen Website-Layouts.

- **Markenidentität:** Entwerfen Ihres Logos, Ihrer Farbpalette und anderer Markenelemente.

- **Produktbilder:** Verbessern Sie Produktbilder und erstellen Sie Grafiken für Ihren Shop.

- **Benutzererfahrung (UX):** Sicherstellen, dass die Website einfach zu navigieren ist und eine positive Benutzererfahrung bietet.

Potenzielle Designer finden

Um einen talentierten Designer zu finden, muss man wissen, wo man suchen und welche Qualifikationen man anstreben muss.

Wo man Designer findet:

- **Freiberufliche Plattformen:** Bei Upwork, Freelancer und Fiverr stehen viele freiberufliche Designer zum Mieten zur Verfügung.

- **Designagenturen:** Erwägen Sie die Beauftragung einer Designagentur, die auf E-Commerce-Design spezialisiert ist.

- **Design-Communitys:** Websites wie Behance und Dribbble präsentieren Portfolios talentierter Designer.

- **Empfehlungen:** Bitten Sie Ihr Netzwerk oder andere E-Commerce-Unternehmer um Empfehlungen.

Bewertung von Designern

Sobald Sie potenzielle Kandidaten haben, ist es wichtig, deren Eignung zu bewerten.

Portfolio-Überprüfung:

- **Relevanz:** Suchen Sie nach Arbeiten, die für E-Commerce und Ihre spezifische Nische relevant sind.

- **Qualität:** Bewerten Sie die Qualität ihrer Designarbeit.

Ist es optisch ansprechend und professionell? Entspricht es dem Stil, den Sie für Ihre Marke wünschen?

- **Funktionalität:** Prüfen Sie, ob ihre Designs nicht nur attraktiv, sondern auch funktional und benutzerfreundlich sind.

Fähigkeiten und Kompetenzen:

- **E-Commerce-Erfahrung:** Stellen Sie sicher, dass sie Erfahrung in der Gestaltung von E-Commerce-Shops haben.

- **Technische Fähigkeiten:** Überprüfen Sie ihre Kenntnisse in Design-Tools wie Adobe Creative Suite, Sketch oder Figma.

- **UX/UI-Kenntnisse:** Sie sollten über ein solides Verständnis der Designprinzipien von User Experience (UX) und User Interface (UI) verfügen.

Testprojekt:

- **Beispielarbeit:** Erwägen Sie, sie zu bitten, ein kleines, kostenpflichtiges Testprojekt durchzuführen. Dies kann ein Homepage-Modell oder ein Produktseitendesign sein.

- **Rückmeldung:** Geben Sie Feedback zu ihrer Testarbeit und sehen Sie, wie sie reagieren. Sind sie offen für Überarbeitungen und Vorschläge?

Kommunikation:

- **Empfänglichkeit:** Bewerten Sie ihre Kommunikationsfähigkeiten. Sind sie aufgeschlossen und leicht zu erreichen?

- **Professionalität:** Achten Sie auf Professionalität in ihren E-Mails und Interaktionen. Dies kann ein Hinweis auf ihre Arbeitsmoral sein.

Mehrwert für Ihr Unternehmen

Die Wertschöpfung Ihres Dropshipping-Geschäfts ist entscheidend, um sich in einem wettbewerbsintensiven Markt hervorzuheben. So können Sie Ihr Geschäft verbessern und Ihren Kunden einen außergewöhnlichen Mehrwert bieten:

1. Einzigartiges Wertversprechen (UVP)

Ihr einzigartiges Wertversprechen hebt Sie von der Konkurrenz ab und gibt Kunden einen überzeugenden Grund, bei Ihnen zu kaufen.

So erstellen Sie ein starkes UVP:

- *Identifizieren Sie Ihre Stärken:* Bestimmen Sie, was Ihre Produkte oder Dienstleistungen einzigartig macht. Dies können Qualität, Preis, Kundenservice oder ein einzigartiges Merkmal sein.

- *Verstehen Sie Ihr Publikum:* Machen Sie sich mit den Bedürfnissen, Vorlieben und Schwachstellen Ihrer Zielgruppe vertraut. Passen Sie Ihr UVP an diese Probleme an.

- *Klare und prägnante Nachrichten:* Kommunizieren Sie Ihren UVP klar und prägnant auf Ihrer Website und Ihren Marketingmaterialien.

Beispiel":

- Wenn Sie umweltfreundliche Produkte verkaufen, könnte Ihr Alleinstellungsmerkmal sein: „Nachhaltige Produkte, die nicht die Welt kosten."

„Kaufen Sie in unserem umweltfreundlichen Sortiment ein und machen Sie mit jedem Einkauf einen Unterschied."

2. Außergewöhnlicher Kundenservice

Die Bereitstellung eines außergewöhnlichen Kundenservice kann das Kundenerlebnis erheblich verbessern und die Loyalität fördern.

Strategien für exzellenten Kundenservice:

- **Reaktionsschneller Support:** Bieten Sie schnelle und hilfreiche Antworten auf Kundenanfragen. Versuchen Sie, innerhalb von 24 Stunden zu antworten.

- **Multichannel-Unterstützung:** Bieten Sie Support über verschiedene Kanäle wie E-Mail, Live-Chat und soziale Medien.

- **Personalisierter Service:** Personalisieren Sie die Interaktion mit Kunden, indem Sie sie mit ihrem Namen ansprechen und auf ihre früheren Einkäufe verweisen.

Beispiel:

-Implementieren Sie eine Live-Chat-Funktion auf Ihrer Website, um Kunden in Echtzeit zu helfen.

- Schulen Sie Ihr Support-Team darin, Anfragen effektiv und einfühlsam zu bearbeiten.

3. Hochwertige Produkte

Wenn Sie sicherstellen, dass Ihre Produkte von hoher Qualität sind, können Sie zufriedene Kunden gewinnen und Folgegeschäfte tätigen.

Sicherstellung der Produktqualität:

- **Lieferantenüberprüfung:** Überprüfen Sie Ihre Lieferanten gründlich, um sicherzustellen, dass sie qualitativ hochwertige Produkte liefern.

- **_Qualitätskontrolle:_** Bestellen Sie regelmäßig Muster und prüfen Sie diese auf Qualität. Führen Sie stichprobenartige Qualitätskontrollen an Produktchargen durch.

- **_Kundenbewertung:_** Ermutigen Sie Kunden, Feedback zu geben und es zur Verbesserung der Produktqualität zu nutzen.

Beispiel:

- Bieten Sie eine Zufriedenheitsgarantie an, die es Kunden ermöglicht, Produkte zurückzugeben, wenn sie mit der Qualität nicht zufrieden sind. Das zeigt Vertrauen in Ihre Produkte und schafft Vertrauen.

4. Benutzerfreundliche Website

Eine benutzerfreundliche Website verbessert das Einkaufserlebnis und erhöht die Wahrscheinlichkeit von Conversions.

Verbesserung der Website-Benutzerfreundlichkeit:

- **_Einfache Navigation:_** Verwenden Sie ein einfaches Menülayout, um die Navigation auf Ihrer Website zu vereinfachen.

- **_Schnelle Ladezeiten:_** Optimieren Sie die Geschwindigkeit Ihrer Website, um die Absprungraten zu reduzieren und das Benutzererlebnis zu verbessern.

- **_Mobile Optimierung:_** Stellen Sie sicher, dass Ihre Website vollständig responsiv ist und auf Mobilgeräten gut funktioniert.

Beispiel:

- Führen Sie regelmäßige Usability-Tests durch, um etwaige Navigationsprobleme zu identifizieren und zu beheben. Nutzen Sie Tools wie Google Page Speed Insights, um die Ladezeiten zu verbessern.

5. Fesselnde Inhalte

Durch die Erstellung ansprechender Inhalte können Sie Kunden gewinnen und binden und so einen Mehrwert schaffen, der über die bloßen Produkte hinausgeht, die Sie verkaufen.

Arten von ansprechenden Inhalten:

- **Blogeinträge:** Schreiben Sie informative und relevante Blogbeiträge zu Ihrer Nische.

- **Videos:** Erstellen Sie Produktdemonstrationsvideos, Tutorials und Inhalte hinter den Kulissen.

- **Nutzergenerierte Inhalte:** Ermutigen Sie Kunden, ihre produktbezogenen Erfahrungen zu teilen und ihre Inhalte auf Ihrer Website und Ihren Social-Media-Kanälen zu veröffentlichen.

Beispiel:

- Starten Sie einen Blog, der Tipps, Anleitungen und Trends zu Ihrer Nische bietet. Wenn Sie beispielsweise Fitnessgeräte verkaufen, schreiben Sie Beiträge über Trainingsroutinen, Ernährungstipps und Fitnesstrends.

6. Eine Gemeinschaft aufbauen

Der Aufbau einer Community rund um Ihre Marke kann die Loyalität und Werbung durch Mundpropaganda steigern.

Strategien zum Aufbau einer Community:

- **Social-Media-Engagement:** Interagieren Sie aktiv mit Ihrer Zielgruppe über Ihre Social-Media-Kanäle. Reagieren Sie auf Kommentare, teilen Sie benutzergenerierte Inhalte und erstellen Sie Mitglieder, um ein Gefühl der Exklusivität und Zugehörigkeit zu fördern.

7. Kundenfeedback nutzen

Wenn Sie Kundenfeedback zur Verbesserung Ihrer Produkte und Dienstleistungen nutzen, können Sie die Kundenzufriedenheit und -treue erheblich steigern.

So sammeln und nutzen Sie Feedback:

- **Umfragen:** Versenden Sie regelmäßig Umfragen, um detailliertes Feedback zu den Kundenerfahrungen zu sammeln.

- **Produktrezensionen:** Ermutigen Sie Kunden, Bewertungen abzugeben und diese durchzulesen, um häufige Probleme oder Lob zu erkennen.

- **Direkte Kommunikation:** Wenden Sie sich direkt an Kunden, um Feedback einzuholen, insbesondere nachdem ein Problem gelöst oder ein Verkauf abgeschlossen wurde.

Beispiel:

- Senden Sie nach einem Kauf eine Folge-E-Mail mit der Bitte um Feedback zum Produkt und zum Einkaufserlebnis. Nutzen

Sie dieses Feedback, um fundierte Entscheidungen über Produktverbesserungen und Serviceerweiterungen zu treffen.

8. Umsetzung effektiver Marketingstrategien

Effektives Marketing ist unerlässlich, um den Traffic zu steigern, die Markenbekanntheit aufzubauen und den Umsatz zu steigern.

Zu berücksichtigende Marketingstrategien:

- *Inhaltsvermarktung:* Erstellen Sie faszinierende Inhalte, die das Interesse Ihrer Zielgruppe wecken und aufrechterhalten. Dazu können Infografiken, Videos, Blogeinträge und mehr gehören.

- *E-Mail Marketing:* Erstellen und pflegen Sie Ihre E-Mail-Liste mit regelmäßigen Newslettern, Werbeangeboten und personalisierten Empfehlungen.

- *Social-Media-Marketing:* Bleiben Sie aktiv auf den Social-Media-Plattformen präsent, auf denen sich Ihre Zielgruppe aufhält. Veröffentlichen Sie ansprechende Inhalte, schalten Sie Anzeigen und interagieren Sie mit Followern.

Beispiel:

- Entwickeln Sie einen Inhaltskalender für Ihren Blog und Ihre Social-Media-Kanäle. Planen Sie regelmäßige Beiträge, die Ihrem Publikum einen Mehrwert bieten, z. B. Anleitungen, Branchennachrichten und benutzergenerierte Inhalte.

9. Bereitstellung eines hervorragenden Supports nach dem Kauf

Exzellenter Support nach dem Kauf kann aus einem Einmalkäufer einen treuen Kunden machen.

So bieten Sie hervorragenden Support nach dem Kauf:

- **Sendungsverfolgung:** Stellen Sie klare Tracking-Informationen und Aktualisierungen zum Status von Bestellungen bereit.

- **Folge-E-Mails:** Senden Sie nach einem Kauf Folge-E-Mails, um die Kundenzufriedenheit sicherzustellen und bei Bedarf Hilfe anzubieten.

- **Einfache Rückgabe und Umtausch:** Machen Sie den Rückgabe- und Umtauschprozess einfach und problemlos.

Beispiel:

- Implementieren Sie eine automatisierte E-Mail-Sequenz, die Kunden nach dem Kauf eine Dankes-E-Mail sendet, gefolgt von einer Versandaktualisierung und einer Feedback-Anfrage, sobald das Produkt geliefert wurde.

Der Erfolg Ihres Dropshipping-Geschäfts erfordert viel Liebe zum Detail und eine Verpflichtung zur Exzellenz in jedem Aspekt Ihrer Abläufe. Durch die Überprüfung Ihres Texters und Designers stellen Sie sicher, dass Ihre Markenbotschaft überzeugend und Ihre Website optisch ansprechend ist. Indem Sie Ihrem Unternehmen durch einen starken UVP, außergewöhnlichen Kundenservice, qualitativ hochwertige Produkte, eine benutzerfreundliche Website, ansprechende Inhalte, den Aufbau einer Community, die Nutzung von Feedback, effektives Marketing und exzellenten Support nach dem Kauf einen Mehrwert bieten, heben Sie sich von der Konkurrenz ab.

Denken Sie daran: Der Weg zum Erfolg geht weiter. Suchen Sie kontinuierlich nach Verbesserungsmöglichkeiten, passen Sie sich an sich ändernde Trends an und hören Sie Ihren Kunden zu. Mit Engagement und den richtigen Strategien können Sie ein florierendes Dropshipping-Geschäft aufbauen, das die Zeit überdauert.

KAPITEL 11
Die besten Länder für Direktversand

Die Auswahl der richtigen Länder für Direktlieferungen kann den Erfolg Ihres Unternehmens erheblich beeinflussen. Faktoren wie Lieferzeiten, Produktqualität und Lieferantenzuverlässigkeit variieren von Land zu Land. Hier sind einige der besten Länder, die Sie in Betracht ziehen sollten, und warum sie vorteilhaft sind.

1. China:

China ist aufgrund seiner enormen Produktionskapazitäten und seiner umfangreichen Produktpalette ein führender Hub für Dropshipping.

Vorteile:

- **Große Produktpalette:** China bietet eine beispiellose Produktvielfalt in nahezu allen Kategorien.

- **Kosteneffizient:** Produkte aus China sind aufgrund geringerer Herstellungskosten oft günstiger.

- **Etablierte Lieferanten:** Viele Lieferanten in China haben Erfahrung im Dropshipping und verstehen die Anforderungen des internationalen Versands.

Was du wissen musst:

- **Lieferzeiten:** Der Versand aus China kann länger dauern, insbesondere bei Standardversandoptionen. Erwägen Sie, Kunden, die bereit sind, mehr zu zahlen, einen Expressversand anzubieten.

- **Qualitätskontrolle:** Nicht alle Anbieter sind gleich. Überprüfen Sie Lieferanten sorgfältig und bestellen Sie Muster, um die Produktqualität sicherzustellen.

- **Zölle und Abgaben:** Zölle und Abgaben: Informieren Sie sich über die Gesetze zu Zöllen und Abgaben in den Märkten, auf die Sie abzielen möchten. Informieren Sie Ihre Kunden über mögliche Mehrkosten.

2. Vereinigte Staaten:

Dropshipping aus den USA kann von Vorteil sein, wenn Ihr Hauptmarkt ebenfalls in den USA oder anderen nahegelegenen Regionen liegt.

Vorteile:

- **Schnellerer Versand:** Der Versand innerhalb der USA ist im Allgemeinen schneller als der internationale Versand.

- **Qualitätskontrolle:** Produkte von US-amerikanischen Lieferanten erfüllen häufig höhere Qualitätsstandards.

- **Kundenvertrauen:** Viele Kunden vertrauen Produkten, die aus dem eigenen Land versendet werden.

Was du wissen musst:

- *Höhere Kosten:* Produkte von US-amerikanischen Lieferanten können aufgrund höherer Herstellungs- und Arbeitskosten teurer sein.

- *Begrenzte Auswahl:* Im Vergleich zu Ländern wie China ist die Produktvielfalt möglicherweise eingeschränkter.

- *Lieferantenverfügbarkeit:* Im Vergleich zu China gibt es in den USA weniger Dropshipping-Anbieter, weshalb eine gründliche Prüfung potenzieller Lieferanten unerlässlich ist.

3. Europa:

Europa, einschließlich Ländern wie Deutschland, Großbritannien und den Niederlanden, ist eine weitere hervorragende Region für Dropshipping.

Vorteile:

- *Qualitätsprodukte:* Europäische Lieferanten bieten oft qualitativ hochwertige Produkte an, die strenge regulatorische Standards erfüllen.

- *Schnelle Lieferung:* Der Versand innerhalb Europas erfolgt im Allgemeinen schnell, was ihn zu einer hervorragenden Option macht, wenn Ihr Zielmarkt in Europa liegt.

- *Kundenvertrauen:* Europäische Kunden neigen dazu, Produkten zu vertrauen, die aus der Region versendet werden.

Was du wissen musst:

- **Höhere Preise:** Produkte europäischer Lieferanten können aufgrund höherer Produktionskosten teurer sein.

- **Sprachbarrieren:** Seien Sie darauf vorbereitet, mit Sprachbarrieren umzugehen, wenn Sie mit Lieferanten in nicht englischsprachigen Ländern kommunizieren.

- Zölle und Vorschriften: Stellen Sie sicher, dass Sie die Zollbestimmungen und Mehrwertsteueranforderungen für jedes europäische Land verstehen, in das Sie versenden möchten.

4. Australien:

Australien ist eine gute Option für Dropshipping, insbesondere wenn Ihr Zielmarkt Australien und Neuseeland umfasst.

Vorteile:

- **Qualitätskontrolle:** Australische Lieferanten liefern oft qualitativ hochwertige Produkte.

- **Schnellerer Versand:** Der Versand innerhalb Australiens und nach Neuseeland erfolgt relativ schnell.

- **Kundenvertrauen:** Australische Kunden vertrauen Produkten aus ihrer Region.

Was du wissen musst:

- **Höhere Kosten:** Produkte australischer Lieferanten können teurer sein.

- **Begrenzte Lieferanten:** Im Vergleich zu anderen Regionen gibt es in Australien weniger Dropshipping-Anbieter.

- **Geografische Entfernung:** Beim Versand in andere Teile der Welt kann es aufgrund der geografischen Entfernung zu längeren Versandzeiten kommen.

Was Sie über internationales Dropshipping wissen müssen

Internationales Dropshipping eröffnet einen riesigen potenziellen Markt, bringt aber auch Komplexitäten mit sich, die beim inländischen Dropshipping nicht der Fall sind. Folgendes müssen Sie wissen, um sich erfolgreich in der Welt des internationalen Dropshipping zurechtzufinden:

1. Den internationalen Versand verstehen

Der Versand ist ein wichtiger Bestandteil des Dropshipping. Folgendes müssen Sie beim internationalen Versand beachten:

Versandarten:

- **Standardversand:** Sparsam, kann aber länger dauern. Geeignet für Kunden, die es nicht eilig haben.

- **Expressversand:** Schneller, aber teurer. Bieten Sie diese Option für Kunden an, die bereit sind, für eine schnellere Lieferung einen Aufpreis zu zahlen.

- **Kurierdienste**: Dienste wie DHL, FedEx und UPS bieten zuverlässige und schnelle Versandoptionen, sind jedoch mit höheren Kosten verbunden.

Versandkosten:

- **Variable Kosten**: Die Versandkosten können je nach Zielort, Gewicht und Versandart erheblich variieren.

- ***Kosten einbeziehen:*** Entscheiden Sie, ob Sie die Versandkosten in Ihre Produktpreise einbeziehen oder den Kunden separat in Rechnung stellen möchten.

Tracking und Zuverlässigkeit:

- ***Verfolgbarer Versand:*** Verwenden Sie stets Versandmethoden mit Sendungsverfolgung, um Kunden über den Status ihrer Bestellung auf dem Laufenden zu halten.

- ***Lieferantenzuverlässigkeit:*** Stellen Sie sicher, dass Ihre Lieferanten zuverlässige Versanddienste nutzen, um Lieferprobleme zu minimieren.

2. Verwaltung von Zöllen und Abgaben

Zölle und Zölle sind beim internationalen Versand von wesentlicher Bedeutung. So verwalten Sie sie:

Zollbestimmungen:

- **Forschung:** Machen Sie sich mit den Zollbestimmungen der Länder vertraut, in die Sie versenden. Regeln und Vorschriften sind von Land zu Land unterschiedlich.

- **Dokumentation:** Stellen Sie sicher, dass allen Sendungen die erforderlichen Zolldokumente beiliegen, um Verzögerungen zu vermeiden.

Zölle und Steuern:

- **Kunden informieren:** Informieren Sie Kunden klar und deutlich über mögliche Zölle und Steuern, die sie möglicherweise bei der Lieferung zahlen müssen.

- **Bezahlte Abgaben:** Entscheiden Sie, ob Sie die Zölle übernehmen (Delivered Duty Paid – DDP) oder ob der Kunde dafür verantwortlich ist (Delivered Duty Unpaid – DDU).

Abwicklung von Retouren:

- **Rückgaberecht:** Legen Sie eine klare Rückgaberichtlinie für internationale Bestellungen fest und berücksichtigen Sie dabei die möglichen Komplikationen und Kosten internationaler Rücksendungen.

- **Lokale Rückgaben:** Erwägen Sie die Nutzung einer lokalen Rücksendeadresse oder eines lokalen Rücksendedienstes in wichtigen Märkten, um den Rücksendevorgang für internationale Kunden zu vereinfachen.

4. Navigieren in Währungs- und Zahlungsgateways

Der Umgang mit verschiedenen Währungen und Zahlungsgateways ist für einen reibungslosen internationalen Dropshipping-Betrieb von entscheidender Bedeutung.

Mehrere Währungen:

- *Währungsumrechnung:* Bieten Sie Preise in lokalen Währungen an, um das Kundenerlebnis zu verbessern und Warenkorbabbrüche zu reduzieren.

- *Zahlungsgateway-Unterstützung:* Stellen Sie sicher, dass Ihr Zahlungsgateway mehrere Währungen und internationale Transaktionen unterstützt.

Zahlungsgateways:

- *Globale Gateways:* Verwenden Sie weltweit weithin akzeptierte Zahlungsgateways wie PayPal, Stripe und Shopify Payments.

- *Lokalisierte Optionen:* Bieten Sie lokalisierte Zahlungsmethoden an, die in bestimmten Regionen beliebt sind, z. B. Alipay in China oder Klarna in Europa.

Wechselkurse:

- *Regelmäßige Updates:* Behalten Sie die Wechselkurse im Auge und passen Sie Ihre Preise entsprechend an, um die Rentabilität aufrechtzuerhalten.

- **Gebühren:** Beachten Sie etwaige zusätzliche Gebühren, die Zahlungsgateways für Währungsumrechnungen und internationale Transaktionen erheben.

5. Anpassung an lokale Märkte

Das Verstehen und Anpassen an lokale Märkte kann Ihren Erfolg im internationalen Dropshipping erheblich beeinflussen.

Marktforschung:

- **Verbraucherpräferenzen:** Erforschen Sie Verbraucherpräferenzen, Kaufverhalten und kulturelle Nuancen in jedem Zielmarkt.

- **Wettbewerbsanalyse:** Analysieren Sie lokale Wettbewerber, um die Marktlandschaft zu verstehen und Chancen zu identifizieren.

Lokalisierung:

- **Sprache:** Bieten Sie Ihre Website und Ihren Kundensupport in der Landessprache an, um das Kundenerlebnis zu verbessern.

- **Marketing:** Passen Sie Ihre Marketingstrategien so an, dass sie beim lokalen Publikum Anklang finden. Dazu gehören lokalisierte Anzeigen, Werbeaktionen und Inhalte.

Produktauswahl:

- **Nachfrage**: Wählen Sie Produkte aus, die in Ihren Zielmärkten gefragt sind.

- **Saisonalität:** Beachten Sie saisonale Schwankungen und lokale Feiertage, die sich auf die Nachfrage auswirken können.

6. Rechtliche und regulatorische Überlegungen

Die Einhaltung internationaler Gesetze und Vorschriften ist von entscheidender Bedeutung, um rechtliche Probleme zu vermeiden und einen reibungslosen Betrieb sicherzustellen.

Geistiges Eigentum:

- **Marken und Patente:** Stellen Sie sicher, dass die von Ihnen verkauften Produkte keine Marken oder Patente in Ihren Zielmärkten verletzen.

- **Markenschutz:** Erwägen Sie die Eintragung Ihrer Marke in Schlüsselmärkten, um Ihr geistiges Eigentum zu schützen.

Verbraucherschutzgesetze:

- **Einhaltung:** Verstehen und befolgen Sie die Verbraucherschutzgesetze in jedem Zielmarkt, einschließlich Rückgaberichtlinien, Garantien und Werbestandards.

- **Datenschutzgesetze:** Stellen Sie sicher, dass Ihre Datenverarbeitungspraktiken den internationalen Datenschutzgesetzen, wie z. B. der DSGVO in Europa, entsprechen.

Steuern und Zölle:

- Mehrwertsteuer und GST: Beachten Sie die in Ihren Zielmärkten geltende Mehrwertsteuer, GST und andere Umsatzsteuern. Erwägen Sie die Nutzung von Diensten, die Steuerberechnungen und Überweisungen durchführen.

- Zollabgaben: Machen Sie sich mit den für Ihre Produkte geltenden Zöllen vertraut und stellen Sie sicher, dass Sie Ihre Kunden entsprechend informieren.

7. Aufbau von Beziehungen zu internationalen Lieferanten

Starke Beziehungen zu Ihren Lieferanten sind für ein erfolgreiches Dropshipping-Geschäft unerlässlich. So bauen und pflegen Sie diese Beziehungen:

Kommunikation:

- Regelmäßiger Kontakt: Halten Sie regelmäßige Kommunikation mit Ihren Lieferanten aufrecht, um über Produktverfügbarkeit, Lieferzeiten und mögliche Probleme auf dem Laufenden zu bleiben.

- Klare Erwartungen: Kommunizieren Sie klar und deutlich Ihre Erwartungen hinsichtlich Produktqualität, Lieferzeiten und Kundenservice.

Verhandlung:

- *Großbestellungen:* Verhandeln Sie bessere Preise und Konditionen für Großbestellungen oder langfristige Partnerschaften.

- *Zahlungsbedingungen:* Besprechen Sie die Zahlungsbedingungen und -methoden, die für beide Seiten am besten geeignet sind.

Qualitätskontrolle:

- *Proben:* Bestellen Sie regelmäßig Muster, um die Produktqualität zu überprüfen und die Konsistenz sicherzustellen.

- *Rückkopplungsschleife:* Geben Sie Lieferanten Feedback zur Produktqualität und zu Kundenbeschwerden, um eine kontinuierliche Verbesserung zu ermöglichen.

Tipps für erfolgreiches internationales Dropshipping

Hier sind einige zusätzliche Tipps, die Ihnen beim internationalen Dropshipping helfen:

1. Nutzen Sie zuverlässige Dropshipping-Plattformen:

Nutzen Sie zuverlässige Dropshipping-Plattformen, die den internationalen Versand unterstützen und eine Integration in

Ihren Shopify-Shop bieten. Plattformen wie Oberlo, Spocket und AliExpress Dropshipping sind beliebte Optionen.

2. Bieten Sie hervorragenden Kundensupport:

Bieten Sie einen hervorragenden Kundensupport, um alle Probleme im Zusammenhang mit internationalen Bestellungen zu lösen. Seien Sie proaktiv bei der Kommunikation von Versandzeiten, Zöllen und anderen potenziellen Bedenken. So können Sie Ihren Kundensupport verbessern:

Mehrsprachige Unterstützung:

- ***Sprachoptionen:*** Bieten Sie Support in mehreren Sprachen an, um Ihren internationalen Kunden gerecht zu werden. Wenn Sie keine Muttersprachler haben, nutzen Sie für die erste Interaktion Tools wie Google Translate.

- ***Lokalisierter Inhalt:*** Stellen Sie FAQs, Leitfäden und Hilfeartikel in den Hauptsprachen Ihrer Zielmärkte bereit.

Klare Kommunikation:

- ***Versandaktualisierungen:*** Halten Sie Kunden über den Status ihrer Bestellung auf dem Laufenden, einschließlich etwaiger Verzögerungen oder Zollprobleme.

- ***Proaktiver Support:*** Kontaktieren Sie Kunden, wenn es Probleme mit ihren Bestellungen gibt, bevor sie sich an Sie wenden müssen.

Flexible Rückgabebedingungen:

- **Problemloser Umtausch:** Machen Sie den Rückgabeprozess für internationale Kunden unter Berücksichtigung der potenziellen Kosten und Logistik so einfach wie möglich.

- **Lokale Rückgabezentren:** Arbeiten Sie mit lokalen Lagern oder Rückgabezentren in Schlüsselmärkten zusammen, um die Rückgabe zu erleichtern.

3. Optimieren Sie Ihren Shop für globale Märkte:

Es ist wichtig, Ihren Shopify-Shop so anzupassen, dass er ein internationales Publikum anspricht. So geht's:

Lokalisierung:

- **Sprache:** Übersetzen Sie Ihre Website-Inhalte in die Sprachen Ihrer Zielmärkte. Apps wie Langify können dabei helfen.

- **Währung:** Zeigen Sie Preise in der Landeswährung Ihrer Kunden an. Shopify verfügt über integrierte Funktionen und Apps wie Bold Multi-Currency, die dabei helfen.

Design und Benutzererfahrung:

- **Kulturelle sensibilität:** Berücksichtigen Sie kulturelle Unterschiede bei Ihrem Design und Inhalt. Vermeiden Sie die Verwendung von Bildern oder Referenzen, die in bestimmten Kulturen unangemessen oder anstößig sein könnten.

- **Mobile Optimierung:** Stellen Sie sicher, dass Ihre Website für Mobilgeräte geeignet ist, da viele internationale Kunden möglicherweise hauptsächlich auf ihren Mobilgeräten einkaufen.

Zahlungsarten:

- **Lokale Zahlungsoptionen:** Bieten Sie neben globalen Optionen auch beliebte lokale Zahlungsmethoden an. Bieten Sie beispielsweise Alipay für chinesische Kunden oder iDEAL für niederländische Kunden an.

- **Sichere Zahlungen:** Stellen Sie sicher, dass alle Zahlungsgateways sicher sind, um Vertrauen bei internationalen Kunden aufzubauen.

4. Halten Sie sich an internationale Vorschriften:

Der Umgang mit internationalen Vorschriften kann komplex sein, ist aber für einen reibungslosen Betrieb unerlässlich. Darauf müssen Sie sich konzentrieren:

Einhaltung der Steuervorschriften:

- **Mehrwertsteuer und GST:** Verwenden Sie die Steuereinstellungen von Shopify oder Apps von Drittanbietern, um die Mehrwertsteuer oder GST für internationale Bestellungen zu berechnen und zu erheben.

- **Zollabgaben:** Stellen Sie sicher, dass Sie Ihren Kunden an der Kasse eventuelle Zölle und Einfuhrsteuern mitteilen.

Verbraucherschutz:

- **Rückgabebedingungen:** Stellen Sie sicher, dass Ihre Rückgaberichtlinien den Verbraucherschutzgesetzen in den Ländern entsprechen, in die Sie verkaufen.

- **Werbestandards:** Befolgen Sie die Werbevorschriften, um irreführende Behauptungen zu vermeiden und sicherzustellen, dass alle Marketinginhalte korrekt und wahrheitsgemäß sind.

Datenschutzgesetze:

- **Datenschutz:** Halten Sie Datenschutzgesetze wie die DSGVO in Europa ein. Stellen Sie sicher, dass Sie über klare Datenschutzrichtlinien verfügen und die erforderlichen Einwilligungen der Kunden für die Datenverarbeitung einholen.

- **Sichere Datenverarbeitung:** Nutzen Sie sichere Server und Verschlüsselungsmethoden, um Kundendaten zu schützen.

5. Markttrends überwachen und anpassen:

Wenn Sie die Markttrends im Auge behalten, können Sie wettbewerbsfähig bleiben und sich an das veränderte Verbraucherverhalten anpassen.

Marktforschung:

- **Trend analysen:** Nutzen Sie Tools wie Google Trends, SEMrush und Branchenberichte, um über Trends in Ihren Zielmärkten auf dem Laufenden zu bleiben.

- **Konkurrenzüberwachung:** Analysieren Sie regelmäßig Wettbewerber, um deren Strategien zu verstehen und Chancen zu erkennen.

Kundenbewertung:

- **Umfragen und Bewertungen:** Sammeln Sie Feedback durch Umfragen und Bewertungen, um Kundenpräferenzen zu verstehen und Ihre Angebote zu verbessern.

- **Soziales Zuhören:** Überwachen Sie soziale Medien und Foren, um die Kundenstimmung einzuschätzen und neue Trends zu erkennen.

Produktanpassung:

- **Saisonale Trends:** Passen Sie Ihr Produktangebot an saisonale Trends und lokale Feiertage in verschiedenen Märkten an.

- **Neue Produkte:** Recherchieren und führen Sie kontinuierlich neue Produkte ein, die den Vorlieben Ihrer internationalen Kunden entsprechen.

Abschluss

Die internationale Ausweitung Ihres Dropshipping-Geschäfts kann neue Wachstumschancen erschließen und Ihren Umsatz deutlich steigern. Es erfordert jedoch eine sorgfältige Planung, ein tiefes Verständnis der internationalen Märkte und die Fähigkeit, verschiedene logistische, rechtliche und kulturelle Herausforderungen zu meistern.

Durch die Auswahl der richtigen Länder für den Direktversand, die Verwaltung des internationalen Versands und der Zollbestimmungen, die Anpassung Ihres Shops an globale Märkte, die Bereitstellung eines hervorragenden Kundensupports, die Einhaltung von Vorschriften und die Beobachtung von Markttrends können Sie ein erfolgreiches internationales Dropshipping-Geschäft aufbauen.

Denken Sie daran, dass jeder Markt einzigartig ist und was in einer Region funktioniert, muss nicht unbedingt in einer anderen funktionieren. Bleiben Sie flexibel, lernen Sie kontinuierlich aus Ihren Erfahrungen und passen Sie Ihre Strategien entsprechend an. Mit dem richtigen Ansatz und der Verpflichtung zu Spitzenleistungen können Sie in der dynamischen Welt des internationalen Dropshipping erfolgreich sein.

ABSCHLUSS

Während wir uns dem letzten Kapitel von nähern ***„Dropshipping Shopify für Einsteiger: Der umfassende Leitfaden zum Aufbau und Betrieb eines boomenden Dropshipping-Geschäfts"*** Ich möchte diese Gelegenheit nutzen, um Ihnen zu gratulieren, dass Sie es bis hierher geschafft haben.

Ihr Engagement, die Feinheiten des Dropshipping zu erlernen, und Ihr Engagement für den Aufbau eines erfolgreichen Unternehmens sind lobenswert. Sie haben eine Fülle von Kenntnissen über die Einrichtung Ihres Shops, die Auswahl von Produkten, die Navigation im internationalen Versand und vieles mehr erworben. Jetzt ist es an der Zeit, über Ihre Reise nachzudenken und einen Blick auf die aufregenden Möglichkeiten zu werfen, die auf Sie warten.

Die Reise des Unternehmertums

Unternehmertum ist eine Reise voller Höhen und Tiefen, Herausforderungen und Triumphe. Dropshipping erfordert wie jedes andere Geschäftsmodell Ausdauer, Anpassungsfähigkeit und die Bereitschaft, kontinuierlich zu lernen. Lassen Sie uns einige der wesentlichen Lektionen und Erkenntnisse, die Sie in diesem Buch gewonnen haben, noch einmal Revue passieren lassen.

Die unternehmerische Denkweise annehmen

Der Erfolg beim Dropshipping beginnt, wie bei jedem unternehmerischen Unterfangen, mit der richtigen Einstellung. Hier sind einige wichtige Eigenschaften und Einstellungen, die Ihnen gute Dienste leisten werden:

Widerstandsfähigkeit:

- **Hindernisse überwinden:** Jedes Unternehmen steht vor Herausforderungen, sei es bei der Suche nach zuverlässigen Lieferanten, bei der Erfüllung der Kundenerwartungen oder bei der Abwicklung der Logistik. Wenn Sie belastbar sind, können Sie Rückschläge überwinden und weitermachen.

- **Aus Fehlern wachsen:** Sehen Sie Rückschläge als Chance, sich zu verbessern und Wissen zu erlangen. Jeder Fehler bringt wertvolle Erkenntnisse mit sich, die Ihnen helfen können, sich zu verbessern und ähnliche Fallstricke in Zukunft zu vermeiden.

Anpassungsfähigkeit:

- **Wechselnde Trends:** Die E-Commerce-Landschaft ist dynamisch und es entstehen regelmäßig neue Trends und Technologien. Durch Flexibilität können Sie neue Chancen nutzen und immer einen Schritt voraus sein.

- **Kundenbewertung:** Hören Sie Ihren Kunden zu und seien Sie bereit, auf der Grundlage ihres Feedbacks Änderungen vorzunehmen. Dieser kundenorientierte Ansatz kann zu besseren Produkten und Dienstleistungen führen.

Beharrlichkeit:

- *Langfristige Vision:* Der Aufbau eines erfolgreichen Dropshipping-Geschäfts erfordert Zeit und Mühe. Konzentrieren Sie sich auf Ihre langfristigen Ziele, auch wenn der Fortschritt langsam zu sein scheint.

- *Konsistenz:* Konsequenter Einsatz und Hingabe sind der Schlüssel zum Erreichen Ihrer Ziele. Ob es um Marketing, Kundenservice oder Produktbeschaffung geht, Konsistenz zahlt sich auf lange Sicht aus.

Wichtige Erkenntnisse aus dem Buch

In diesem Buch haben wir ein umfassendes Themenspektrum behandelt, um Sie mit dem Wissen und den Werkzeugen auszustatten, die Sie für den Erfolg im Dropshipping benötigen. Lassen Sie uns einige der wichtigsten Lektionen noch einmal zusammenfassen.

Einrichten Ihres Shopify-Shops

Ihr Shopify-Shop dient als Grundstein für Ihr Dropshipping-Geschäft. Hier ist eine kurze Erinnerung an das, was Sie gelernt haben:

Eine Nische wählen:

- *Finden Sie Ihre Leidenschaft:* Wählen Sie eine Nische aus, die Ihnen am Herzen liegt und die auf dem Markt gefragt ist. Diese Kombination hilft Ihnen, motiviert zu bleiben und mit Ihrem Publikum in Kontakt zu treten.

Design und Benutzerfreundlichkeit:

- **Benutzerfreundliches Design:** Stellen Sie sicher, dass Ihr Shop einfach zu navigieren, optisch ansprechend und für mobile Geräte optimiert ist.

- **Professionelles Branding:** Investieren Sie in professionelles Branding, um eine starke, wiedererkennbare Identität für Ihr Unternehmen zu schaffen.

Wesentliche Apps:

- **Automatisierung:** Nutzen Sie Apps, um Aufgaben wie Auftragsabwicklung, Bestandsverwaltung und Marketing zu automatisieren. Das spart Zeit und verringert das Fehlerrisiko.

- **Kundendienst:** Implementieren Sie Tools für den Kundensupport, wie Live-Chat und Helpdesk-Systeme, um Ihren Kunden zeitnah Hilfe zu bieten.

Beschaffung und Überprüfung von Lieferanten:

Zuverlässige Lieferanten sind entscheidend für die Lieferung hochwertiger Produkte und die Aufrechterhaltung der Kundenzufriedenheit. Hier sind einige wichtige Punkte, die Sie immer im Hinterkopf behalten sollten:

Lieferanten finden:

- **Plattformen:** Nutzen Sie Plattformen wie AliExpress, Oberlo und Spocket, um potenzielle Lieferanten zu finden.

- **Forschung:** Führen Sie gründliche Recherchen durch, um Lieferanten zu überprüfen, einschließlich der Überprüfung von Bewertungen und der Bestellung von Mustern.

Beziehungen aufbauen:

- **Kommunikation:** Pflegen Sie eine regelmäßige Kommunikation mit Ihren Lieferanten, um starke Beziehungen aufzubauen und einen reibungslosen Betrieb sicherzustellen.

- **Verhandlung:** Zögern Sie nicht, Konditionen, Preise und Versandmethoden zum Nutzen Ihres Unternehmens auszuhandeln.

Verwaltung von Logistik und Versand:

Effiziente Logistik und Versand sind für die Kundenzufriedenheit und betriebliche Effizienz von entscheidender Bedeutung.

Hier ist eine Zusammenfassung von allem, was Sie gelernt haben:

Versandarten:

- **Optionen:** Bieten Sie mehrere Versandoptionen an, darunter Standard-, Express- und Kurierdienste, um den unterschiedlichen Kundenpräferenzen gerecht zu werden.

- **Verfolgung:** Geben Sie stets Tracking-Informationen an, um Kunden über den Status ihrer Bestellung auf dem Laufenden zu halten.

Zölle und Abgaben:

- Compliance: Informieren Sie sich über die Zollbestimmungen und Zölle der Länder, in die Sie versenden. Stellen Sie sicher, dass alle relevanten Unterlagen enthalten sind, um Verzögerungen zu vermeiden.

- Transparenz: Informieren Sie Kunden über mögliche Zölle und Steuern, um Überraschungen zu vermeiden und einen reibungslosen Lieferprozess zu gewährleisten.

Marketing und Wachstum Ihres Unternehmens:

Effektive Marketingtechniken sind entscheidend, um Kunden zu gewinnen und den Umsatz zu steigern. Sehen wir uns einige der wichtigen Strategien an:

Inhaltsvermarktung:

- **Wertvoller Inhalt:** Erstellen Sie informative und ansprechende Inhalte wie Blogbeiträge, Videos und Leitfäden, um Kunden zu gewinnen und zu binden.

- **DAS:** Optimieren Sie Ihre Inhalte für Suchmaschinen, um die Sichtbarkeit zu verbessern und den organischen Traffic zu steigern.

Social-Media-Marketing:

- *Engagement:* Engagement: Interagieren Sie aktiv mit Ihrem Publikum auf allen Ihren Social-Media-Kanälen. Teilen Sie wertvolle Inhalte, antworten Sie auf Kommentare und führen Sie gezielte Werbekampagnen durch.

- *Influencer-Kooperationen:* Arbeiten Sie mit Influencern in Ihrer Nische zusammen, um Ihre Reichweite zu vergrößern und Glaubwürdigkeit aufzubauen.

E-Mail Marketing:

- *Erstellen einer Liste:* Erweitern Sie Ihre E-Mail-Liste, indem Sie Anreize wie Rabatte und exklusive Inhalte anbieten.

- *Personalisierung:* Senden Sie personalisierte E-Mails, um Leads zu pflegen, verlassene Warenkörbe wiederherzustellen und neue Produkte zu bewerben.

Mehrwert für Ihr Unternehmen:

Um in einem wettbewerbsintensiven Markt hervorzustechen, müssen Sie einen Mehrwert für Ihr Unternehmen schaffen und ein außergewöhnliches Kundenerlebnis bieten. Hier sind einige Strategien, die Sie in Betracht ziehen sollten:

Einzigartiges Wertversprechen (UVP):

Ihr UVP ist es, was Sie von der Konkurrenz abhebt und Kunden einen überzeugenden Grund gibt, bei Ihnen zu kaufen. Stellen Sie sicher, dass Ihr UVP klar und prägnant ist und über alle Kanäle effektiv kommuniziert wird.

Außergewöhnlicher Kundenservice:

Durch die Bereitstellung eines hervorragenden Kundenservices werden aus Einmalkäufern Stammkunden.

Konzentrieren Sie sich darauf, reaktionsschnell, hilfsbereit und proaktiv auf die Bedürfnisse der Kunden einzugehen.

Produkte mit hoher Qualität:

Wenn Sie sicherstellen, dass Ihre Produkte von hoher Qualität sind, können Sie zufriedene Kunden gewinnen und Folgegeschäfte tätigen. Überprüfen Sie Ihre Lieferanten gründlich und bestellen Sie regelmäßig Muster, um die Konsistenz zu überprüfen.

Beispiel:

- Bieten Sie eine Zufriedenheitsgarantie an, die es Kunden ermöglicht, Produkte zurückzugeben, wenn sie mit der Qualität nicht zufrieden sind. Das zeigt Vertrauen in Ihre Produkte und schafft Vertrauen.

Kontinuierliches Lernen fördern:

Die Welt des E-Commerce entwickelt sich ständig weiter und kontinuierliches Lernen ist unerlässlich, um wettbewerbsfähig zu bleiben und sich an Veränderungen anzupassen. So können Sie weiter lernen und wachsen:

Bleiben Sie über Branchentrends auf dem Laufenden:

Verfolgen Sie Branchenblogs, Nachrichtenseiten und Podcasts, um über die neuesten Trends und Entwicklungen informiert zu bleiben. Verwenden Sie Tools wie Google Trends und SEMrush, um neue Trends in Ihrer Nische zu identifizieren.

Investieren Sie in Bildung und Ausbildung:

Nehmen Sie an Online-Kursen zu E-Commerce, digitalem Marketing und anderen relevanten Themen teil, um Ihre Fähigkeiten zu verbessern. Nehmen Sie an Webinaren und Workshops teil, um von Branchenexperten zu lernen und praktisches Wissen zu erwerben.

Experimentieren und innovieren:

Testen Sie regelmäßig neue Ideen und Strategien, um herauszufinden, was für Ihr Unternehmen am besten funktioniert. Bleiben Sie offen für innovative Lösungen und Technologien, die Ihren Betrieb und das Kundenerlebnis verbessern können.

Veranstaltungen und Webinare:

Veranstalten Sie Veranstaltungen, Webinare oder Live-Frage- und-Antwort-Sitzungen, um mit Ihrem Publikum in Kontakt zu treten und wertvolle Informationen bereitzustellen. Erstellen Sie eine private Facebook-Gruppe oder Online-Community für Ihre Kunden, um Tipps auszutauschen und sich miteinander zu vernetzen.

Ich wünsche Ihnen viel Erfolg

Auf Ihrem Weg zum erfolgreichen Dropshipper möchte ich Ihnen viel Glück wünschen. Der vor uns liegende Weg wird seine Herausforderungen mit sich bringen, aber mit dem Wissen und den Strategien, die Sie in diesem Buch erworben haben, sind Sie gut gerüstet, diese zu meistern. Denken Sie daran, dass Erfolg beim Dropshipping Beharrlichkeit, Anpassungsfähigkeit und die Verpflichtung zu kontinuierlichem Lernen und Verbesserung erfordert.

Glauben Sie an sich und Ihre Vision. Bleiben Sie angesichts von Hindernissen widerstandsfähig und bleiben Sie offen dafür, aus jeder Erfahrung zu lernen. Der Weg des Unternehmertums ist lohnend und voller Möglichkeiten für Wachstum, Kreativität und Innovation. Nehmen Sie es mit Leidenschaft und Entschlossenheit an und Sie werden große Erfolge erzielen.

Vielen Dank, dass Sie mich auf dieser Reise durch „Dropshipping Shopify für Anfänger 2024–2025" begleitet haben. Ich hoffe, dass Ihnen dieses Buch wertvolle Erkenntnisse und praktische Ratschläge geliefert hat, die Ihnen beim Aufbau und Wachstum Ihres Dropshipping-Geschäfts helfen. Auf Ihren Erfolg und die aufregenden Abenteuer, die vor Ihnen liegen.

Viel Spaß beim Dropshipping!

GLOSSAR DER BEGRIFFE

1. Affiliate-Marketing: Eine leistungsbasierte Marketingstrategie, bei der ein Unternehmen Partner für jeden Kunden belohnt, den der Partner durch seine Marketingbemühungen gewonnen hat.

2. AOV (durchschnittlicher Bestellwert): Der durchschnittliche Geldbetrag, den Kunden für eine einzelne Bestellung ausgeben.

3. B2B (Business-to-Business): Transaktionen oder Geschäfte zwischen zwei Unternehmen.

4. B2C (Business to Consumer): Transaktionen oder Geschäfte, die direkt zwischen einem Unternehmen und Verbrauchern abgewickelt werden.

5. Rückstand: Ein Status für Bestellungen von Produkten, die vorübergehend nicht vorrätig sind, aber ausgeführt werden, sobald der Lagerbestand wieder aufgefüllt ist.

6. Conversion-Rate: Der Prozentsatz der Besucher einer E-Commerce-Website, die einen Kauf tätigen.

7. Cross-Selling: Ermutigen Sie Kunden zum Kauf zusätzlicher, verwandter Produkte.

8. Customer Lifetime Value (CLV): Der Gesamtumsatz, den ein Unternehmen im Laufe seiner Geschäftsbeziehung von einem einzelnen Kunden erwarten kann.

9. Dropshipping: Eine Einzelhandelsabwicklungsmethode, bei der ein Geschäft die von ihm verkauften Produkte nicht auf

Lager hält. Stattdessen kauft es den Artikel von einem Dritten und lässt ihn direkt an den Kunden versenden.

10. E-Commerce-Plattform: Softwareanwendungen, die es Online-Unternehmen ermöglichen, ihre Website, Verkäufe und Abläufe zu verwalten.

11. E-Mail-Marketing: Verwendung von E-Mails zur Werbung für Produkte oder Dienstleistungen bei potenziellen und aktuellen Kunden.

12. Erfüllung: Der vollständige Prozess des Empfangs, der Bearbeitung und der Lieferung von Bestellungen an Kunden.

13. Bestandsverwaltung: Die Überwachung nicht aktivierter Vermögenswerte (Vorräte) und Lagerbestände.

14. Vorlaufzeit: Die Zeit, die vom Eingang einer Bestellung bis zur Lieferung des Produkts an den Kunden vergeht.

15. Logistik: Die detaillierte Organisation und Durchführung komplexer Vorgänge, einschließlich Transport und Lagerung.

16. Aufschlag: Die Differenz zwischen den Kosten eines Produkts und seinem Verkaufspreis.

17. Händlerkonto: Eine Art Bankkonto, das es Unternehmen ermöglicht, Zahlungen per Debit- oder Kreditkarte zu akzeptieren.

18. Nischenmarkt: Ein spezialisiertes Marktsegment für eine bestimmte Art von Produkt oder Dienstleistung.

19. Auftragsabwicklung: Der Prozess des Empfangs, der Bearbeitung und der Lieferung von Bestellungen an Kunden.

20. Auslagern: Um einen Geschäftsprozess oder eine Funktion an einen Drittanbieter zu vergeben.

21. Zahlungsgateway: Ein Händlerdienst, der Kreditkartenzahlungen für E-Commerce-Transaktionen autorisiert und verarbeitet.

22. POD (Print on Demand): Ein Prozess, bei dem Produkte erst gedruckt werden, wenn eine Bestellung aufgegeben wurde.

23. Gewinnspanne: Die Differenz zwischen den Herstellungskosten eines Produkts und dem Verkaufspreis.

24. Retourenmanagement: Der Prozess der Verwaltung zurückgegebener Produkte, einschließlich Wiederauffüllung, Aufarbeitung und Wiederverkauf.

25. SEO (Suchmaschinenoptimierung): Die Praxis, die Quantität und Qualität des Traffics auf einer Website durch organische Suchmaschinenergebnisse zu steigern.

26. Warenkorb: Eine Online-Anwendung, mit der Kunden eine Liste der zu kaufenden Artikel erstellen können.

27. SKU (Lagerhaltungseinheit): Eine eindeutige Kennung für jedes einzelne Produkt und jede einzelne Dienstleistung, die erworben werden kann.

28. Lieferkette: Das Netzwerk aller Personen, Organisationen, Ressourcen, Aktivitäten und Technologien, die an der Herstellung und dem Verkauf eines Produkts beteiligt sind.

29. Up-Selling: Ermutigen Sie Kunden zum Kauf eines teureren Artikels oder Upgrades.

30. Großhandel: Der Verkauf von Waren in großen Mengen, die typischerweise von Einzelhändlern verkauft werden.

31. Verlassener Einkaufswagen: Wenn ein Kunde Artikel in seinen Online-Einkaufswagen legt, die Website jedoch verlässt, ohne den Kauf abzuschließen.

32. Rückbuchung: Eine Forderung eines Kreditkartenanbieters an einen Einzelhändler, den Verlust aus einer betrügerischen oder umstrittenen Transaktion auszugleichen.

33. Kundenakquisekosten (CAC): Die mit der Akquise eines neuen Kunden verbundenen Kosten, einschließlich Marketing- und Vertriebskosten.

34. Kundenbindungsrate: Der Prozentsatz der Kunden, die über einen bestimmten Zeitraum hinweg weiterhin bei einem Unternehmen einkaufen.

35. Dropshipper: Ein Lieferant oder Großhändler, der Bestellungen im Namen eines E-Commerce-Shops ausführt.

36. E-Wallet: Eine digitale Geldbörse, die Zahlungsinformationen speichert und Benutzern die Durchführung elektronischer Transaktionen ermöglicht.

37. Betrugserkennung: Techniken und Tools zur Erkennung und Verhinderung betrügerischer Transaktionen.

38. Private Label: Von einem Unternehmen hergestellte Produkte zum Verkauf unter der Marke eines anderen Unternehmens.

39. Produkt-Feed: Eine Datei mit Produktinformationen wie Preisen, Beschreibungen und Bildern, die für Online-Werbung und Marktplätze verwendet wird.

40. Benutzererfahrung (UX): Das Gesamterlebnis, das ein Kunde mit einer Website oder Anwendung hat, einschließlich Benutzerfreundlichkeit, Design und Funktionalität.

WIE WAR ES?

Lieber Leser,

Vielen Dank, dass Sie „Dropshipping Shopify für Anfänger: Der umfassende Leitfaden zum Aufbau und Betrieb eines boomenden Dropshipping-Geschäfts" gelesen haben. Ich hoffe, Sie fanden die Informationen und Strategien auf diesen Seiten hilfreich und inspirierend, wenn Sie Ihre Dropshipping-Reise beginnen.

Ihre Gedanken und Ihr Feedback bedeuten mir sehr viel. Wenn Ihnen das Buch gefallen hat und Sie es nützlich fanden, denken Sie bitte darüber nach, eine Bewertung und Rezension auf Amazon abzugeben. Ihre Unterstützung wird mir nicht nur helfen, mich zu verbessern, sondern auch andere aufstrebende Unternehmer auf diese Ressource aufmerksam machen.

Vielen Dank, dass Sie Teil dieser Reise sind. Wir wünschen Ihnen viel Erfolg bei Ihrem Dropshipping-Geschäft!

Beste grüße,

TMT Harrison